협동조합, 참 좋다

이 도서의 국립중앙도서관 출판시도서목록(CIP)은 e-CIP홈페이지(http://www.nl.go.kr/ecip)와
국가자료공동목록시스템(http://www.nl.go.kr/kolisnet)에서 이용하실 수 있습니다. (CIP제어번호 : CIP2012002881)

협동조합, 참 좋다

세계 99%를 위한 기업을 배우다

초판 1쇄 발행 2012년 7월 16일
초판 14쇄 발행 2020년 10월 5일

지은이 김현대, 하종란, 차형석
펴낸이 윤미정

펴낸곳 푸른지식 출판등록 제2011-000056호 2010년 3월 10일
주소 서울특별시 마포구 월드컵북로20 삼호빌딩 303호
전화 02)312-2656 팩스 02)312-2654
이메일 dreams@greenknowledge.co.kr
블로그 http://greenknow.blog.me

글·사진 ⓒ 김현대, 하종란, 차형석 2012
ISBN 978-89-964315-8-9 03320

협동조합, 참 좋다

세계 99%를 위한
기업을 배우다

김현대, 하종란, 차형석 지음

푸른
지식

혼자 가면 빨리 가고 여럿이 가면 멀리 간다

옆도 뒤도 돌아보지 않고, 참 바쁘게 달려왔다. 그래서 세계 10위권의 경제를 이루어냈다. 집에서는 똑똑한 아들 하나의 출세에 매달리고, 나라에서는 대기업 하나를 글로벌 강자로 키우는 데 전력투구했다. 나머지 99퍼센트%는 희생을 감수했다. 똑똑한 천재 한 명이 10만, 100만 명을 먹여 살린다는 말을 믿었다. 그렇게 성공을 이루어내면, 그 풍요와 행복이 결국에는 나에게도 이웃에게도 고루 돌아갈 것이라는 막연한 믿음이 있었다. 허망한 꿈이었다.

　이 책은 혼자 빨리 가는 것이 아니라 여럿이 멀리 가는, 그런 행복하고 정의로운 사람들의 이야기다. 우리에게는 다소 생소하지만, 협동조합(Cooperatives, 줄임말로 Co-op)이라는 '다른 기업'을 꾸려가는 사람들의 이야기다. 승자독식을 거부하고 정부의 시혜를 기대하지 않으며, 여럿이 힘을 모아 여럿을 위한 기업을 스스로 세운다. 그렇게 독과점 대기업과의 시장 경쟁에서 이겨내고, 훈훈한 성공스토리를 만들어낸 사람들의 이야기다.

우리는 오랫동안 함께 살아가는 방법을 잊고 살았다. 특히 경제와 기업의 세계에서는 혼자 빨리 뛰는 것 이외의 길은 없다고 굳게 믿는 세상에서 살아왔다. 이 책은 그러한 고정관념이 진실도, 사실도 아니라는 것을 보여주려는 작업의 첫걸음이다. 두 가지 메시지를 담았다. 세상에는 협동조합이라는 다른 형태의 기업이 있고, 이것이 다른 나라의 시장에서 150년 이상 경쟁력을 발휘해왔다는 것이다. 협동조합은 역사적으로 보편적인 기업형태로 우리 사회에서도 작동할 수 있다.

책을 3부로 구성했다. 다른 나라의 앞서나가는 협동조합 기업 이야기로 시작했다. 행복한 기업을 이루고 행복한 직장을 다니는 사람들과의 대화를 최대한 풍성하게 담았다. 대부분 직접 방문하고 만난 생생한 기록물이지만, 미국과 영국 및 캐나다 사례는 자료에 의존했다는 점을 밝혀둔다. 2부는 우리의 이야기다. 실생활에서 '어떻게 협동조합을 만들 것인가?How to coop?'를 고민했다. 어렵게 싹을 틔운 원주 지역과 생활 협동조합의 이야기를 다루고, 농협에 대해서는 비판적으로 접근했다. 아파트 주민이나 동네 빵집이 어떻게 협동조합을 만들 수 있을지, 함께 상상하는 이야기도 담았다. 3부에서는 우리의 눈높이에서 세계적인 협동조합 전문가들과 직접 대화를 나누었다. 협동조합이라는 개념에 익숙하지 않은 우리 독자를 위해, 협동조합의 기본 상식을 팁으로 처리해 군데군데 삽입했다.

두 가지를 강조하고 싶다. 쉽게 쓰고자 애썼다. 애초에는 사람들이 쉽게 접할 수 있는 교과서를 하나 만들어보자는 생각을 했다. 협동조합을 알려고 해도, 협동조합을 하려고 해도 나침반이 되어줄 우리말 교과서가 없는 실정이기 때문이다. 사실, 국내에 출간된 상당수 서적은 외국 협동조합을 '직역'하는 수준에 그치고 있다. 혹은 생각과 문장이 난삽해, 오히려 협동조합을 이해하기 어렵게 만들기도 한다. 이 책이 협동조합을 최소한 '의역'은 했구나 하는 평가를 들을 수 있기를 기대한다.

언론인 '협동'의 산물이라는 점도 강조하고 싶다. 혼자만의 취재 경험이었다면, 이만한 책이 도저히 세상에 나올 수가 없었을 것이다. 함께 일하면서 협동하는 기쁨 또한 덤으로 누릴 수 있었다.

2012년은 유엔이 정한 '세계 협동조합의 해'다. 우리에게는 협동조합기본법 시대가 열렸다는 각별한 의미가 있다. 아직 갈 길이

멀지만, '다른 기업'과 '다른 경제'를 할 수 있는 선택지가 우리에게도 생긴 것이다.

세계의 협동조합 현장을 취재하면서 많이 행복했다. 협동조합에서 만난 모든 사람에게 "당신들의 이야기가 한국에 알려졌다."라고 큰 소리로 외치고 싶다. 그리고 다른 세상을 알게 해준 데 대해 진심으로 감사한다.

우리나라의 협동조합은 이제 걸음마를 뗐다. 협동조합의 길을 앞장서 개척해 나가는 젊은이를 많이 만날 수 있기를 소망한다. 더디지만 친구와 함께 길을 떠나고자 하는 용감한 젊은이에게 이 책을 바친다.

2012년 초여름
저자들을 대표하여 김현대

목차

2 협동조합, 어떻게 할 것인가

3 협동조합의 대가와 만나다

세상을 바꾼 협동조합 이야기

협동조합은 더 나은 세상을 만든다.

Cooperative Enterprises
Build a Better World.

왜 협동조합인가?

한 발짝만 바다 바깥으로 나서면 '다른 경제'와 '다른 기업'이 널려 있는데도, 우리는 보지 못하고 알지 못했다. 여러 사람의 '협동'으로 꾸려가는 기업이 시장에서 작동할 수 있다고 생각하지도 못했고, 그렇게 가르쳐주는 사람도 없었다. 주주 이익 극대화를 숭배하는 자본주의 기업만이 유일한 기업인 줄 알았다. 적자생존과 승자독식이라는 필요악에 순응했으며, 한 명의 천재가 거액 연봉을 독차지하는 세상을 자연스럽게 여겼다. 외눈박이 마을에서는 모든 사람이 눈 하나만 달고 사는 줄 안다.

　"제목에 '협동조합'이라는 단어는 넣지 맙시다."

1년 전 여름, 공동 집필을 제안하면서 누군가 꺼냈던 말이다. 협동조합의 이미지가 산뜻하지 못하고, 그래서 책이 잘 안 팔릴 거라는 이유였다. 협동조합을 알리는 책을 쓰면서 협동조합을 숨기자니? 불만스러웠지만 동의했다.

　　그로부터 1년 뒤, 《협동조합, 참 좋다》를 세상에 내놓는다. 당당하게 표지에 '협동조합'이라는 네 글자를 새겼다. 협동조합을 바라보는 우리 사회의 인식이 그 사이에 제법 많이 바뀐 덕분이다. "협동조합 기업은 2008년의 글로벌 금융 위기를 잘 이겨냈다. 시장경제에서도 효과적으로 작동하는, 지속 가능한 기업형태다." 그렇다. 지금이 옳고, 1년 전이 틀렸다. 협동조합은 시대착오적 기업형태가 아니라 사회와 경제라는 두 날개로 비상하는 선진적 기업이다.

　　2011년에 유럽과 오세아니아의 협동조합 기업 현장을 직접 돌아보았다. 협동조합 기업과 자본주의 기업이 공존하는 세상을 목도했다. 유레카! 협동조합이었구나! 비판만 한다고 비판받았던 언론인의 10년 묵은 체증이 확 내려가는 희열을 느꼈다. 그동안 줄기차게 재벌 경제를 질책하면서도, 마음 한구석에는 늘 찜찜함을 안고 살았다. 그래서 어쩌자고? 대안이 뭔데?

　　자본가의 탐욕을 옹호한 '경제학의 아버지' 애덤 스미스는 《국부론》의 곳곳에 성공한 대기업의 사회 독점을 우려하는 문장을 함께 남겨놓았다. 시장의 유일한 사업자로 독점권을 행사하려는 자본주의 기업의 질긴 욕망을 일찌감치 간파했던 것이다.

협동조합은 경제적 약자 다수가 서로 뭉치고 나누는 호혜의 힘으로 시장 지배력을 키우고, 자본주의 독점의 치명적인 폐해를 극복하려는 기업이다. 복지나 자선단체의 도움을 기다리지 않는다. 자기 책임에 바탕을 두기에 함께하는 사람들의 자부심을 고양한다. 협동조합은 '99퍼센트의, 99퍼센트에 의한, 99퍼센트를 위한' 기업이다.

이 책은 '다른 경제'와 '다른 기업'이 시장에서 어떻게 작동하는지 다른 나라의 현장을 구체적으로 담았다. 앞으로 우리 주변에서 협동조합으로 운영되는 기업을 자주 볼 수 있기를 기대한다.

"협동조합으로 시작할까, 아니면 주식회사로 할까? 어느 쪽이 우리 사업에 더 적합할까?" 어떤 기업형태가 나와 우리의 사업에 맞는지 선택지를 놓고 살펴보는 것이 상식에도 부합한다.

주식회사만이 유일한 기업형태라고 강권하는 세상은 정의롭지도 못하고 불행을 확대재생산한다. 지금까지 우리는 그렇게 살아왔다. 경제협력개발기구OECD 국가 중에 우리만 그렇게 살아왔다. 협동조합기본법이 발효되는 2012년 12월부터는 협동조합의 설립이 자유로워진다. 이제는 학교 친구, 뜻 맞는 동업자, 농민과 소비자가 힘을 모아 '우리를 위한 우리의 기업'을 세울 수 있다.

자! 협동조합으로 기업하자!

협동조합 기업은 예상보다 많다

1970년대의 축구 스타 요한 크루이프Johan Cruyff는 "독재자 프랑코 총독이 후원하는 팀에는 가지 않겠다."라며 레알마드리드Real Madrid의 거액 영입 제안을 뿌리쳤던 일화로 유명하다. 그는 프랑코 독재의 핍박을 받은 에프시바르셀로나FC Barcelona를 선택했고, 바르셀로나Barcelona 시민의 영원한 영웅으로 사랑받고 있다. 에프시바르셀로나는 2010년까지 유니폼에 상업적 로고를 달지 않은 팀으로도 잘 알려졌다. 대신 에이즈 어린이를 돕는 유니세프Unicef의 로고를 가슴에 달았다.

'축구 그 이상'을 표방하는 에프시바르셀로나의 홈페이지에는 대기업 구단주의 이름이 나오지 않는다. 17만 명의 주민이 주인이고, 그들의 출자로 이뤄진 협동조합이기 때문이다. 6년 임기의 구단 회장도 17만 주민 조합원이 직접 선거로 선출한다.

이탈리아의 에밀리아로마냐Emilia-Romagna 주는 협동조합의 천국이다. '시장(마트) 간다'는 말을 '콥(협동조합coop의 이탈리아어 발음)

간다'고 한다. 협동조합이 일상생활에 실핏줄처럼 녹아들어 있다. 우리의 이마트에 해당하는 최대 소매업체가 소비자 협동조합이고, 건설사와 은행은 물론이고 박물관과 공연장도 협동조합으로 운영된다. 에밀리아로마냐에서 협동조합은 단순한 대안 경제가 아니다. 전체 경제의 30퍼센트를 지탱하는 또 하나의 주류 경제다.

"스위스에는 '미그로 키즈Migros kids'와 '코프 키즈Coop kids'가 있다."는 말이 있다. 미그로Migros와 코프스위스(코프는 'coop'의 독일어 발음)는 스위스 소매시장의 40퍼센트를 차지하는 양대 소비자 협동조합이다. 스위스의 어린아이들은 거의 예외 없이 부모가 가입한 협동조합에 따라 미그로 아니면 코프의 매장을 드나들면서 자라난다. 스위스 사람들의 협동조합 사랑이 남다를 수밖에 없는 까닭이다.

덴마크 코펜하겐Copenhagen의 동쪽 앞바다로 5킬로미터km가량 달려나가면 거대한 풍력발전기 스무 대가 줄을 지어 하늘을 가른다. 이 풍력발전기의 주인은 미델그룬덴Middelgrunden 발전 협동조합이다. 발전소 설립 자금을 출자한 8,600명의 코펜하겐 시민 조합원이 풍력발전기를 건설했다.

미국을 자본주의 기업의 천국이라고만 생각하면 큰 오산이다. 협동조합의 뿌리도 깊다. 고급 오렌지의 대명사인 선키스트Sunkist는 118년 역사를 자랑하는 미국의 대표적인 협동조합 기업이다. 캘리포니아California와 애리조나Arizona의 6,000여 감귤 생산 농가가 힘을 합쳐, 혼자서는 할 수 없는 일을 글로벌 경쟁 시장에서 해낸다. 세계 4대 통신사로 손꼽히는 미국의 에이피AP 또한 협동조합 기업이다.

유럽의 부자 지역인 에밀리아로마냐 주의 전체 경제를 협동조합 기업이 이끌어간다고? 프로 축구팀 에프시바르셀로나와 미국의 선키스트도 협동조합이라고? 우리에게는 참 의아하게 들리지만, 한반도 바깥세상에서는 전혀 이상한 일이 아니다. 많은 협동조합 기업이 국가 경제의 상당한 몫을 차지하면서 경쟁력을 발휘하고 있다.

소매업과 금융 및 농업에서 협동조합 기업의 활약이 두드러진다. 스위스뿐 아니라 이탈리아와 독일, 프랑스, 영국에서도 굴지의 협동조합 소매기업들이 그 나라 업계의 선두권을 차지한다. 협동조합 은행의 영업 규모는 이미 유럽 전체의 20퍼센트 이상을 점유한다. 프랑스 최대 은행인 크레디아그리콜Crédit Agricole과 네덜란드 1위인 라보방크Labo Bank가 대표적이다. 두 은행은 농민을 상대로 한 신용 사업에서 출발해 세계적인 규모로 성장했다. 독일의 데체트방크DZ Bank도 협동조합 은행이다.

뭐니 뭐니 해도 협동조합 하면 농업이다. 선진국의 농업은 협동조합과 한 몸이다. 농업을 끌고 가는 기관차는 자본주의 기업이 아니라 협동조합 기업이다. 유럽 최대의 청과물 도매 회사인 네덜란드의 그리너리Greenery, 덴마크 양돈 산업의 90퍼센트를 장악한 대니쉬 크라운Danish Crown, 이탈리아 최대의 우유 생산 업체인 그라나롤로Granorolo, 이들 브랜드의 공통점은 원예 농가, 양돈 농가 또는 낙농가의 공동출자로 세운 협동조합 기업이라는 것이다. 농업 개혁의 모범국이라는 뉴질랜드의 농업을 이끌고 있는 폰테라Fonterra(낙농업체)와 제스프리Zespri(키위 수출업체) 또한 자국 농민이 출자 지분의 100퍼센트를 보유한 협동조합 기업이다.

협동조합은 무엇인가

2011년 6월 덴마크 코펜하겐의 노동자 협동조합연합회 사무실에서 수사네 베스트하우젠Susanne Westhausen을 만났다. 인터뷰하던 중, "사회적 가치를 함께 추구하는 협동조합이 어떻게 시장 경쟁에서 살아남을 수 있느냐?"라는 원초적인 질문을 던졌다. 그녀는 즉석에서 장애인을 고용한 사회적 협동조합과 통상의 자본주의 영리기업의 운영 원리를 비교한 간단한 그림 한 장으로 그려주었다.(35쪽 도표 참고)

논리는 간명했다. 다른 모든 비용이 0이라고 가정할 때, 자본주의 기업에서는 노동자 임금으로 75유로를 지급하여 생산한 자전거를 100유로에 판매한다. 이렇게 해서 25유로를 남기면 자본가가 투자 이윤으로 가져가는 구조다.

사회적 협동조합에서는 기존 노동자에게 75유로의 임금을 그대로 지급하고 자전거값 100유로도 그대로 유지한다. 자본주의 영리기업과 다른 것은 자본가의 투자 이윤 25유로가 0으로 없어진다는 점이다. 투자자가 없기 때문이다. 그렇게 절약한 25유로는 추가로 고용한 장애인 노동자의 급여로 지급된다. 장애인을 더 고용했다고 기존 노동자의 급여를 끌어내리지도 않고, 더 비싼 값에 자전거를 내놓지도 않으니, 시장 경쟁에서 뒤처질 이유가 없다는 것이다. 오히려 착한 기업이라는 우호적인 이미지를 얻어 시장 경쟁에서 유리할 수 있다고 수사네는 말했다.

이 그림을 응용하면 소비자 협동조합, 생산자 협동조합, 신용 협동조합, 노동자 협동조합의 운영 원리도 쉽게 설명할 수 있다. 소비자 협동조합의 존재 이유는 출자자인 소비자 조합원에게 물건을 값싸게 파는 데에 있다. 농민의 생산자 협동조합은 주인인 조합원의 농산물을 안정적으로 비싸게 구입하는 것이 목적이다. 노동자의 출자로 설립된 노동자 협동조합은 좋은 일자리를 제공하는 것이, 신용 협동조합은 조합원 고객에게 좋은 조건의 자금을 공급하는 것이 절대적 사명이다. 사회적 협동조합은 조합원이 아닌 어려운 이웃을 위해 기업 활동을 한다는 점에서 나머지 협동조합과 차이가 있다.

각 협동조합의 성격을 규정짓는 열쇠는 25유로의 행방이다. 25유로를 판매 가격 인하분으로 돌려 소비자에게 골고루 나눠준다면? 소비자가 조합원인 소비자 협동조합일 것이다. 농민의 생산자 협동조합이라면, 25유로를 농산물값을 더 쳐주는 쪽으로 쓸 것이다. 노동자 협동조합은? 노동자의 급여를 인상하거나 근로조건을 개선하는 재원으로 돌릴 것이다. 신용 협동조합에서는 대출금리를 낮추거나 예금금리를 높이는 쪽으로 25유로를 쓴다.

아마도 현실의 협동조합에서는 25유로 중 상당액을 미래 투자를 위한 내부 유보금으로 적립할 것이다. 협동조합은 외부 자금 조달이 어려우므로, 평소 잉여금이 생길 때마다 적립하는 것을 꼭 필요한 미덕으로 여긴다. 네덜란드의 라보방크 같은 경우는 100여 년 전부터 (수사네 그림의 25유로에 해당하는) 잉여금을 전액 적립하는 관행을 고수했다. 그렇게 쌓은 내부 유보금만도 총자본금 300억 유로(약 44조 원)의 3분의 2를 넘어서는 규모에 이른다. 라보방크는 막대한 내부 유보에 힘입어 2008년 글로벌 금융 위기를 거뜬히 이겨내고 '세계에서 가장 안전한 3대 은행'으로 선정됐다.

우리의 현실로 돌아오자

유럽과는 비교되지 않지만 우리나라에서도 협동조합 기업의 뿌리가 자라나고 있다. 소비자 협동조합에 해당하는 한살림과 아이쿱 생활 협동조합(생협)이 대표적이다. 두 협동조합의 연 매출을 합치면 벌써 5,000억 원을 넘어선다. 강원도 원주와 경기도 안성에서는 주민이 세운 의료 생협이 활약하고 있다. 과잉 진료의 거품을 덜어내고 조합원 환자를 위한 참 의료를 실천한다.

최대 우유 업체인 서울우유도 한국을 대표하는 협동조합 기업이다. 서울우유의 조합원(목장주)은 주식회사인 매일우유, 남양우유와 거래하는 목장주보다 우유 납품 가격을 더 높게 받아 상대적으로 풍족한 생활을 누린다. 서울우유가 협동조합이기에 가능한 일이다.

사실 사업과 가치의 양면에서 건강하다고 내세울 수 있는 협동조합은 소수에 불과하다. 대규모 협동조합으로 농협과 수협 등이 있지만 정부의 관리를 받는 반관반민의 단체이거나 직원들의 회사라는 비판을 받는다. 노동자 협동조합은 우리나라에 전혀 없고, 미국이나 유럽에서 흔한 주택 협동조합이나 발전 협동조합도 하나도 없다. 사회적 기업 또한 협동조합이 아니라 대부분 주식회사 방식으로 운영된다.

왜 이런 일이 벌어졌을까? 협동조합으로 기업을 할 수 있다는 인식 자체가 없었다는 점을 지적하지 않을 수 없다. 협동조합이라는 실체가 가까이에 없으니 어떻게 조합을 설립해 사업을 꾸려나갈지 알 수가 없었다. 학교에서는 자본주의 기업만이 기업이라는 하나의 등식 말고는 가르치지 않았다. 지금까지 우리 사회는 협동조합에 관한 한 까막눈이었다.

제도도 미비했다. 그동안은 농협과 수협, 신협, 생협 등 특별법에 정해진 여덟 개 종류 이외의 협동조합은 설립 자체가 불가능했다. 그나마 요건이 까다로웠다. 다행히 협동조합기본법 제정으로 자유로운 설립을 막는 제도적 족쇄는 풀렸다.

4년이 넘도록 파업을 벌이고 있는 학습지 교사들이 있다. 재능교육의 교사 노동자들은 2012년 5월 10일로 파업 1,600일을 맞았다. "찬바람 부는 날 거리에서 잠들 땐 너무 춥더라 인생도 시리고……." 그날 서울 혜화동로터리 재능교육 본사 앞에서 문화제를 벌이면서 불렀던 노래의 한 소절이다.

이런 질문을 던져본다. 재능교육의 교사들이 협동조합을 이해하고 또 협동조합 설립이 진즉 자유로웠더라면, 이들의 처지가 지금과 조금은 달라지지 않았을까?

사실 학습지 사업은 협동조합으로 운영하기에 아주 적합한 대상이다. 학습지 사업의 핵심 자산은 교사와 교재 개발 역량이다. 대규모 공장 설비가 없으니 투자 재원 조달 부담도 적다. 교사들과 일부 직원들의 뜻을 모으기만 하면 경쟁력 있는 협동조합 기업을 세울 수 있는 셈이다. 아이들의 부모를 조합원으로 동참시키면 다수 충성 고객의 확보도 가능해 보인다. 파업 4년 동안 구축한 사회적 신뢰는 공격적인 마케팅에 활용할 수 있는 훌륭한 자산이다. 학습지 교사들이 '참 재능교육'이란 브랜드를 내걸어 기존의 재능교육을 능가하는 협동조합 기업을 꾸려가는 꿈을 꿔본다.

마찬가지로 택배 기사나 대리운전 기사 같은 특수고용직 노동자는 협동조합 기업을 세우기에 좋은 여건을 갖췄다. 사람들의 '협동'을 이뤄내기만 하면, 고율의 수수료를 한두 명의 대주주에게 뺏기지 않아도 된다. 출판인들은 저자들과의 공동출자로 출판 협동조합을 세우고, 미술인들은 갤러리 협동조합 설립에 나선다. 볼로냐나 코펜하겐에서는 그런 협동조합을 쉽게 찾아볼 수 있다. 하지만 자본이 많이 들어가는 설비투자 중심의 기업이라면 주식회사 방식이 더 효과적일 것이다. 협동조합은 대규모 자본 조달에서 불리하다.

이런 상상도 해본다. 프랜차이즈 대기업에 밀려 몰락의 길을 걷고 있는 동네 빵집들이 지역 또는 전국 단위로 협동조합 기업을 세운다. 은퇴한 자영업자의 일자리인 커피전문점이나 '김밥천국' 사업도 사실은 협동조합을 하기에 좋은 대상이다. 독자적인 협동조합 브랜드를 구축한 뒤 안전한 로컬푸드로 만들어 고품질로 승부하는 것이다. 기업형 슈퍼마켓SSM에 반대하던 동네 슈퍼들도 전국 소상인 협동조합을 결성해 '지에스GS25'와 경쟁하는 독자적인 프랜차이즈 브랜드를 개발한다. 동네 상권을 보호한다고 대형 마트의 휴업일을 강제하고 있지만 그것만으로 영세 자영업자의 생존을 보장하기에는 역부족이다. 이탈리아에서는 동네 상인들이 코나드CONAD라는 전국적인 협동조합을 결성했다. 코나드는 이탈리아 소매업계 2위에 올라있다.

일부 지역에서는 이동통신 소비자들이 협동조합 결성을 준비하고 있다. 지금은 수천 명 정도의 조합원 가입에 머물러 있지만 100만 명 이상의 통신 소비자 결집을 목표로 한다. 이동통신 요금과 단말기 가격 인하가 사업의 종국적 목적이다. 이동통신 소비자 협동조합을 설립해 직접 서비스 사업에 뛰어들고, 100만 소비자의 힘으로 저렴한 단말기 출시를 압박하겠다는 것이다. 이 협동조합이 제대로 가동한다면, 이동통신 요금의 파격적인 인하와 기능이 단순한 20만 원대 단말기의 출현을 볼 수 있게 될 것이다.

'한겨레신문사'는 1987년 직선제 민주화의 소중한 역사적 산물이다. 6만여 주주가 권력과 자본으로부터 독립된 참 언론을 구현하라고, 쌈짓돈과 돌 반지 성금을 냈다. 그렇게 모은 자금으로 윤전기를 구입하고, 신문을 발행했다.

'한겨레'가 지금 다시 태어난다면? 아마도 협동조합 방식의 지배 구조를 채택할 것이다. 1987년 설립 당시에는 협동조합으로 신문사를 세울 수도 없었고, 협동조합 방식으로 가자는 내부의 인식 공유도 없었다. 한겨레를 상법상의 주식회사로 설립한 것은 다른 선택지가 없었기 때문이다. 어쩔 수 없이 몸에 맞지 않는 옷을 걸치고 지냈던 셈이다.

한겨레의 기업 목적은 일반적인 주식회사와 근본적으로 다르다. 단순한 이익 극대화가 목적이 될 수는 없다. 대부분 주주는 올곧은 신문을 만들자는 뜻을 보탠 것이지, 이익 배당을 기대하지 않았다.

하지만 한겨레가 주식회사로 운영되기에 종종 사업과 가치의 충돌로 말미암은 실존적 고뇌를 겪게 된다. 비정규직 사원을 채용하고, 광고주인 대기업과 타협하고, 관계사를 압박하거나 당장 돈 되는 사업으로 달려가려는 유혹에 흔들리기도 한다.

한겨레가 협동조합으로 바뀐다면 무엇이 달라질까? 모든 사업과 보도뿐 아니라 내부 인력관리와 자회사 관계에 적용할 수 있는 한겨레만의 사회적 책임 경영CSR 가이드라인을 가정 먼저 작성하지 않을까? 정기주주총회가 아닌 조합원총회에서는 1년 동안 우리 사회를 바르게 바꾸는 데 한겨레가 언론으로서 어떻게 얼마나 기여했는지를 의미 있게 보고하는 모습을 보게 되지 않을까?

조합원의 경영 참여를 뒷받침하는 지배 구조의 변화도 예상된다. 민주적 소통이 강화되면서 독자 충성도가 높아질 것이다. 의사 결정은 더뎌질 수 있다.

사회적 협동조합이라는 법인격은 기존의 사회적 기업에 딱 맞는 새로운 기성복이다. 지금까지 우리의 사회적 기업은 다수가 주식회사 법인격이었다. 사업을 하려면 당연히 주식회사여야 하는 줄 알았다. 가치를 추구하는 사회적 기업의 몸에 이익 극대화를 요구하는 주식회사라는 옷을 입고 있었던 것이다. 사업과 가치의 혼란이 생기지 않을 수 없었다. 이제 많은 사회적 기업이 주식회사에서 사회적 협동조합이라는 옷으로 갈아입게 될 것이다.

우리는 소망한다, 서로 협동하는 세상을!

우리의 협동조합 토양은 척박하다. 싹도 충분히 자라지 못했다. 가장 화급하게 필요한 것은 협동조합 교육이다. 학교에서 협동조합을 가르치는 데서 시작해야 한다. 초·중·고교에서 협동조합 현장 교육 프로그램을 운영해야 한다. 근처 생협과 협력해 협동조합 운영을 경험하고, 구내매점을 학생들 스스로 협동조합으로 운영할 수 있어야 한다. 가장 좋은 협동조합 교육은 실천이기 때문이다.

대학의 학부 과정에 협동조합 강좌를 개설한 곳은 건국대와 경북대, 단국대 등 대여섯 곳에 불과하다. 국가에서 설립한 국립농수산대학에서조차 협동조합을 가르치지 않는다. 영농 후계자에게 농업은 협동조합이라는 제1명제를 일러주지도 않고 있는 것이다. 그런 점에서 성공회대의 협동조합 대학원 운영은 의미 있는 도전이다.

새로 태어나는 협동조합들은 '협동조합 간의 협동'이란 원칙을 가슴에 깊이 새겨야 한다. 협동조합은 '협동'하지 않으면 아무 힘이 없다. 더 많이 모일수록 힘이 불어난다. 이탈리아의 대형 소비자 협동조합 매장에서는 다른 협동조합 기업에서 생산한 농산물과 공산품을 가장 좋은 자리에 진열한다.

자본 조달이 어렵다는 치명적인 약점 또한 협동의 힘으로 극복해낸다. 이탈리아의 레가LEGA라는 협동조합연합회에서는 해마다 각 협동조합 잉여금의 3퍼센트를 갹출해 적립한다. 그렇게 모은 자금으로 협동조합의 신설 및 사업 확장을 거들고, 경영난에 빠진 협동조합 직원들의 재교육과 이직을 지원한다.

우리는 읍면의 농협들끼리 공동 사업을 벌이기도 쉽지 않다. 농협이 생협과 손잡는 모습도 보지 못했다. 이래서는 대기업과 경쟁할 수 없다.

선택, 자본주의 기업과 협동조합 기업 사이에서

바르게 살고 싶은 우리 이웃의 젊은이가 있다. 그렇다고 시민단체의 봉사 활동을 평생의 직업으로 삼고 싶지는 않다. 평범한 기업체에서 일하면서 적당한 수준의 급여를 받고 싶어 한다. 정직한 사람들과 함께 일할 수 있고, 고객들에게 정직한 기업이면 좋겠다. 보수를 더 많이 받기 위해 소비자를 기만하고 한발 빠른 승진을 위해 동료의 사다리를 걷어차야 하는 회사라면 도저히 견딜 수 없을 것 같다. 이런 젊은이가 선택할 수 있는 한국의 기업이 얼마나 될까?

소박하고 정직한 사람이 보람차게 일할 수 있는 건강한 기업이 많은 세상을 소망한다. 승자독식을 신조로 삼는 천박한 자본주의 기업만 있는 세상은 건강하지 않다. 협동조합 기업에서 일할 수 있는 선택지를 젊은이들에게 활짝 열어주어야 한다. 경쟁보다는 협력을 더 갈구하고 그런 문화에서 성취감을 느끼는 젊은이에게 몸에 맞는 기업 환경을 마련해주는 것은 기성 사회의 의무다.

장애가 있거나 혼혈이라고 손가락질하고, 동성애자는 사람 취급도 하지 않은 과거가 있다. 이제 장애인 한 사람을 위해 열 사람이 양보하고, 혼혈을 다문화로 존중하고, 동성애자의 결혼을 인정하는 세상이 열리고 있다.

자본주의 기업만을 강요하는 세상은 다양한 인간성을 끌어안을 수 없다는 점 때문에도 지속할 수 없다. 배타적인 경쟁을 추동하기보다는 경쟁하면서도 협력하는 기업이 더 경쟁력을 인정받는 세상으로 변해가고 있다.

덴마크의 메르쿠르Merkur라는 협동조합 은행에서 만난 메테 튀센Mette Thyssen은 "우리 기업에서는 가치가 급여의 일부"라는 감동적인 말을 했다. 영리 은행보다 고위직의 급여는 낮지만 일에서 느끼는 보람이 크다는 뜻을 그렇게 표현했다. 이탈리아의 최대 우유 생산 기업인 그라나롤로 협동조합의 클라우디아 실바니Claudia Silvani는 "그전 직장에서는 경쟁이 무척 심했는데, 여기에서는 열심히 일하면서도 서로 협력한다."라고 협동조합 기업 문화를 자랑스러워했다. 클라우디아는 '야후 이탈리아'에서 7년가량 일하다가 옮겨왔다.

메테와 클라우디아처럼 협동조합 기업을 기꺼이 선택할 수 있는 세상을 젊은 세대에게 남겨주고 싶다. "가치가 급여의 일부"라고 자연스럽게 말하는 우리 청년들의 모습을 보고 싶다. 그런 마음을 이 책에 담았다.

협동조합이란 무엇인가?

협동조합은 공동으로 소유하고 민주적으로 운영되는 기업enterprise을 통해 공동의 경제적·사회적·문화적 필요와 욕구를 충족하기 위해 자발적으로 모인 사람들의 자율적 단체association다.

국제협동조합연맹(ICA)의 〈협동조합 정체성 선언문(1995년)〉

협동조합은 이용자가 소유하고 통제하며 이용 규모를 기준으로 이익을 배분하는 사업체business다. 미국 농무부(USDA)의 정의(1987년)

위 정의에 따라 협동조합과 주식회사로 대표되는 자본주의 기업의 차이점을 정리해보자.

첫째, 목적이 다르다. 협동조합은 조합원인 이용자가 소유하는 기업이고, 조합원 공동의 편익을 충족하는 것이 목적이다. 반면 주식회사는 투자자가 소유하는 기업이고, 자본을 투자한 주주의 이익을 극대화하는 것이 목적이다. 협동조합은 시장에서 사업을 영위한다는 점에서 협회 조직과도 명확하게 구별된다.

둘째, 자본이 아니라 사람에 의해 조직이 통제된다. 주식회사의 '1주1표'와 달리 협동조합은 '1인1표'다. 1인1표는 협동조합이 소수 주주가 아니라 조합원 공동의 요구에 부응하게 하는 장치다.

셋째, 사업 이익의 배당이 다르다. 협동조합은 조합원이 사업을 이용한 실적에 비례해 잉여금을 배당한다. 주식회사처럼 보유 지분이 많은 사람이 더 많은 배당을 가져가지 않는다. 예를 들어, 소비자 협동조합에서 조합원 A가 1년 동안 1,000만 원의 물건을 구입하고, 조합원 B가 100만 원의 물건을 구입했다면, A의 연말 배당액이 B의 10배가 된다. 두 조합원의 출자액과 배당액은 전혀 무관하다.

협동조합의 7대 원칙(ICA, 1995년)

1. 자발적이고 개방적인 가입
협동조합은 자발적인 조직이자 기업으로서, 조합의 서비스를 이용할 수 있고 조합원의 책임을 다할 의지가 있는 모든 사람에게 성, 사회, 인종, 정치 및 종교의 차별 없이 열려있다.

2. 조합원에 의한 민주적 통제
주주의 투표권이 보유 지분에 따라 정해지는 자본주의 회사와 달리, 협동조합 운동은 어떤 단계에서도 '1인1표'를 규칙으로 채택한다.

3. 조합원의 경제적 참여
조합원은 똑같은 규모는 아니라도 공평하게 협동조합의 자본에 참여하며 그 자본을 민주적으로 통제한다.

4. 자율과 독립
협동조합은 조합원에 의해 통제되는 자율적이고 자조(自助, self-help)적인 조직이다.

5. 교육, 훈련 및 홍보

협동조합은 조합원, 선출된 대표자, 경영관리자, 조합 직원에 대해 적절한 교육과 훈련을 제공한다.(로치데일 조합의 원칙에서는 매년 잉여금의 2.5퍼센트를 연구와 조합원 교육에 배정했다.)

6. 협동조합 간의 협력

협동조합 활동은 자기 조직 내부로 국한하지 않는다. 협동조합은 지방, 국가 및 지역, 세계 차원에서 서로 협력함으로써 조합원에게 가장 효과적으로 봉사하고 협동조합 운동의 힘을 강화한다.

7. 지역사회 기여

맨체스터 총회에서 추가된 새로운 원칙이다. 협동조합은 조합원의 동의를 얻어 조합이 속한 지역사회의 지속 가능한 발전을 위해 노력한다.

협동조합의 종류

협동조합은 농업에서 금융 서비스, 주택에서 건강관리, 소매점에서 재생에너지에 이르기까지 경제의 모든 분야에서 존재한다. 대안학교 협동조합, 카셰어링carsharing 협동조합, 노인돌봄 협동조합, 심지어 예술인 협동조합과 상조 협동조합까지, 종류를 들자면 끝이 없다. 흔히 조합원이 속성에 따라 협동조합의 종류를 나눈다.

　소비자 협동조합은 생필품 시장의 독과점 폭리에 맞선 공동 행동의 결과로 생겨났다. 소비자에게 좋은 물건을 값싸게 공급하는 것이 목적이다. 스위스의 미그로가 대표적이고, 우리의 한살림과 아이쿱 생협이 소비자 협동조합에 가깝다.

생산자 협동조합의 대표는 농업 협동조합이다. 농업 협동조합은 농산물 가격의 급등락에 대응해 농가 소득을 안정화하고, 유통 상인의 횡포에 맞서 교섭력을 확보하기 위한 공동 행동의 산물이다. 뉴질랜드의 폰테라는 낙농 생산자 협동조합이다.

금융 협동조합(협동조합 은행과 신용 협동조합)은 농노해방 이후 고리채에 시달리던 독일의 농촌에서 처음 생겨났다. 1873년에 잉여금의 무배당과 전액 공동자본 적립 등을 골자로 한 라이파이젠Raiffeisen 원칙이 정립됐다.

노동자 협동조합은 19세기 중반 프랑스에서 처음 생겨났다. 목수와 석공, 제빵사 등 노동자의 안정적인 일자리 유지와 근로조건 개선이 목적이고, 볼로냐의 요리사와 웨이터가 모여서 설립한 캄스트CAMST가 대표적이다. 협동조합기본법 제정으로 국내에서도 설립할 수 있게 되었다.

사회적 협동조합은 1960년대 이탈리아에서 처음 생겨났으며, 1991년 법적 뒷받침을 받았다. 보통의 협동조합이 조합원 공동의 필요를 충족하기 위한 사업을 수행한다면, 사회적 협동조합은 어려운 이웃을 돕는 일을 한다. 유럽 사회적 기업 다수는 사회적 협동조합에 뿌리를 두고 있다.

협동조합의 원리

상품 가격이 100유로, 생산 비용이 75유로라면, 상품 가격에서 생산 비용을 제외한 25유로의 잉여금이 남는다. 나머지 25유로의 행방에 따라 기업의 성격이 결정된다.

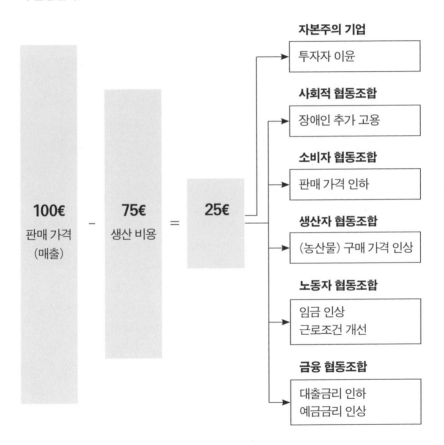

세계 협동조합의 현장을 가다

1

작은 소도시가 윤택하게 사는 비결

협동조합의 성지 이탈리아 볼로냐

2011년 5월, 어느 날이었다. 같은 팀에 근무하는 이종태 〈시사IN〉 경제국제팀장에게서 전화가 왔다. 따지자면, 이 일의 시작은 그 전화 통화에서 비롯되었다. 아이쿱 생협의 정원각 사무국장이라는 분에게서 '유럽 협동조합 동행 취재'에 관한 전화가 올 것이라는 내용이었다. 이종태 팀장은 한마디 덧붙이고 전화를 끊었다. "협동조합, 알아두면 좋은 거야." 협동조합과의 조우. 그게 시작이었다.

협동조합이라고 하면 대개 '농업 협동조합'을 떠올린다. 조금 관심이 있는 이라면 더 나아가 '생활 협동조합'을 떠올릴 것이다. 협동조합이 아직 활성화하지 않은 우리나라에서 이는 당연한 일이다. 유럽 협동조합을 취재하러 간다고 하니 반응은 대개 비슷하다. 어떤 이는 유럽의 '농협' 같은 '금융회사'를 취재하러 가느냐고 묻고, 어떤 이는 '생활 협동조합'처럼 유럽의 '작은 가게(?)'들을 취재하러 가느냐고 묻는다. 외국의 '새마을운동' 같은 걸 취재하느냐고 농담 반, 진담 반으로 말하는 이도 있었다. 어찌 보면 당연한 반응이다. 세상에 얼마나 다양한 협동조합이 있는지 경험해보지 못했으니까.

유럽 협동조합을 취재하기 전에 참고할 만한 자료를 찾았다. 협동조합에 대한 책이나 자료는 부족했다. 그나마 있는 것은 간략한 개론서 정도였다. 실제 어떤 협동조합이 있는지조차 설명된 책이 없었다. 취재도 협동하면 되겠지. 동행할 정원각 사무국장에게 물었다. "해외 취재 가기 전에 미리 참고할 만한 책이 무엇이 있어요? 추천 좀 해주세요." 정원각 사무국장이 대답했다. "우리가 갈 곳에 대해 참고할 만한 책이 마땅치 않아요. 한두 번 방송에 소개된 적은 있지만……." '협동조합의 불모지, 한국'은 협동조합에 관한 도서의 불모지였다. 맨땅에 헤딩할 수밖에!

유럽 협동조합을 들여다보려면 꼭 가봐야 할 곳이 이탈리아 볼로냐Bologna다. 네덜란드 암스테르담Amsterdam의 스키폴공항Airport Schiphol을 거쳐 돌고 돌아 도착한 이탈리아 볼로냐. 이곳은 이탈리아 북동부 지역에 있는 도시다. 로마나 밀라노처럼 유명한 관광도시는 아니지만 중세 시대 유럽의 학문과 예술의 중심지로 유명했다. 이곳에는 이탈리아 4대 오페라극장 중 하나인 볼로냐 오페라극장이 있고, 볼로냐 국제아동도서전이 유명하기도 하다. 볼로냐는 문화의 도시다.

　　볼로냐가 속해있는 에밀리아로마냐 주의 1인당 국민소득은 5만 달러. 유럽연합에서 소득이 높은 다섯 개 지역에 속한다. 볼로냐의 인구는 대략 37만여 명. 우리나라와 비교하자면 경남 진주시 인구 규모와 비슷하다.

　　볼로냐 중앙역의 첫인상은 소박했다. 우리나라의 지방 소도시에 있는 기차역 같은 느낌. 택시가 줄지어 서있는 모습은 어디나 비슷하다. 기차역을 오가는 사람들의 입성도 소박하긴 마찬가지였다. 통역을 맡은 교민 김현숙 씨가 도착했다. 대학에서 성악을 전공한 그는 20년째 이탈리아에 살고 있다고 했다.

　　"저기 저 중앙역 꼭대기에 있는 시계, 보이시죠?" 김현숙 씨가 물었다. 시계는 10시 25분에 멈추어있었다. 아주 오래전에 본 영화 〈백 투 더 퓨처〉에서 보았던 시계처럼 시간은 어떤 기억에 멈추

볼로냐 중앙역의 시계는 폭탄 테러가 일어났던 10시 25분에 멈추어 있다.

어있었다. 1980년 8월 2일 오전 10시 25분. 이 볼로냐 중앙역에서는 폭발 사고가 있었다. 20킬로그램ᵏᵍ가량 되는 티엔티ᵀᴺᵀ 폭발물이 터졌고, 볼로냐 시민 85명이 사망하고, 200명 이상 부상당했다. 테러였다. 좌익 무장 단체의 소행이니 우익 백색 테러니 말이 무성했다. 하지만 누구의 소행인지는 끝내 밝혀지지 않았다. 볼로냐 시민은 그 끔찍한 기억을 잊지 말자는 뜻에서 그때 멈춘 시계를 그대로 보존했다. 10시 25분은 테러의 잔혹함을 기억하고 있었다.

중앙역에서 멀리 떨어지지 않은 아시넬리탑Torre Asinelli. 1109년 귀족 아시넬리가 만든 탑으로 97미터에 달한다. 지방의 전제군주들은 탑을 높게 세우는 것으로 자신의 위세를 과시했다고 한다. 지금 남아있는 탑은 많지 않은데 이 탑이 가장 높고 유명하다. 볼로냐 시 전경을 볼 수 있어 볼로냐를 찾는 관광객들이 자주 찾는다. 내부의 계단 숫자는 486개. 꼭대기 전망대에서 본 볼로냐 전경은 왜 볼로냐 시를 '붉은 볼로냐Bologna la rossa'라고 부르는지 알 수 있게 한다. 사방을 둘러본 풍경이, 붉다. 붉은 벽돌로 지어진 건물이 많아서다.

"볼로냐에 붉은 도시라는 별명이 붙은 데는 또 다른 이유가 있어요." 통역자 김현숙 씨의 설명이다. 좌파가 오랫동안 이 지역 정부를 장악했기 때문이다. 게다가 역사적으로 이 도시의 사회주

볼로냐 시청 광장 벽에는 파시즘에 맞서다 숨진 이들의 사진이 붙어있다.

자들은 무솔리니 파시즘 정부와 맞서 싸운 것으로 유명하다. 2차 대전 후반기에 이탈리아는 독일에 점령되었고, 수많은 빨치산이 목숨을 바쳐 맞서 싸웠다. 이들 가운데는 사회주의자도, 공산주의자도, 민족주의자도 있었다. 볼로냐 시청 벽에는 파시즘에 맞서다 숨진 사람 1,000여 명의 사진과 이름이 붙어있다. 자유와 정의를 위해 항거한 이들. 흑백사진 밑에 이름이 적혀있다. 사진이 없는 이들은 이탈리아 공화국의 문양을 대신 넣었다고 한다. 볼로냐 시는 자유를 위해 싸운 이들 '장삼이사'의 사진을 시청 벽에 아로새겼다. 그들의 흑백 사진 앞에서 일행은 숙연해진다. 그 광장에서는 몇몇 젊은이가 기타를 치며 노래를 부르고 있었다. 1,000여 개의 사진과 그 앞에 놓인 꽃들, 그리고 광장의 활기가 노랫소리와 섞여, 묘하게 어울렸다. 볼로냐는 이런 역사적 전통을 아우르고 있다.

김현숙 씨는 이 낯선 도시에서의 삶에 대해 이렇게 평했다. "여기는 한국과 부의 개념이 다른 것 같아요. 한국에서는 어느 집이 잘산다고 하면 집이 몇 채고, 통장에는 얼마가 있고, 그런 말을 하잖아요. 그런데 여기는 그렇지 않아요. 생활이 불편하지 않게 적당히 먹고살 수 있는 기반이 있고, 복지시설이 잘돼있으면 만족하는 것 같아요. 아이들 유치원이 잘돼있고, 늙었을 때 의료 서비스를 이용할 수 있고, 그에 대비해 돈을 준비해놓는 정도예요. 한국에서는 명품, 명품 하는데, 이탈리아가 명품으로 유명해도 막상 이곳에서는 그렇게 비싼 가방을 들고 다니는 사람도 별로 없는 것 같아요."

이탈리아, 그중에서도 볼로냐를 취재지로 선택한 것은 이 지역의 협동조합이 매우 발달했기 때문이다. 볼로냐대학 스테파노 자마니Stefano Zamagni 교수에 따르면, 볼로냐가 주도州都인 에밀리아로마냐 주는 1950년대만 해도 가난했다. 그런데 인구 430만 명인 이 주는 이제 1인당 소득이 4만 유로(약 5,800만 원)에 이를 정도로 윤택해졌다. 경제적으로 윤택해진 원동력은 어디에 있을까? 자마니 교수는 "그 중심에 협동조합이 있다."라고 말한다. 에밀리아로마냐 주에 있는 협동조합 숫자는 무려 8,000개에 이른다. 협동조합연합회인 레가콥LEGA COOP의 파올로 카타비아니Paolo Cattabiani 대표에 따르면, 이탈리아 전체 협동조합의 50퍼센트가 에밀리아로마냐 주에 있다. 이 지역은 사회주의 등 좌파 운동의 영향을 받아 노동자들이 아래로부터 협동조합을 결성하는 게 마치 '지역 문화'처럼 되었다.

또한, 이 지역 경제활동의 30퍼센트를 협동조합 경제가 차지하고 있다. 볼로냐로 한정해보면, 볼로냐에는 400여 개의 협동조합이 활발하게 활동하고, 경제에서 차지하는 비중은 45퍼센트에 이른다.

이 지역 사람들의 임금은 이탈리아 평균 임금의 두 배에 달하고, 실업률은 3퍼센트에 불과하다. 도대체 협동조합이 뭐기에?

대형 마트급 소비자 협동조합 이페르콥

20년 가까이 이탈리아에서 산 교민 김현숙 씨에게도 협동조합은 친숙하다. 김씨는 "어디를 가도 협동조합을 접한다. 택시 기사도 협동조합을 만들어 운영한다. 이곳 사람들은 '시장에 간다'는 말 대신 '콥coop에 간다'는 말이 입에 붙었다."라고 말했다. '콥'은 협동조합(코페라테, cooperativa)을 줄인 이탈리아 말이다. 콥은 이탈리아의 매장을 가리키는 고유명사가 되었다.

  '시장에 간다'는 말 대신 '콥에 간다'는 말을 쓴다고? 언뜻 이해하기 어려울 수 있다. 우리나라에서 소비자 협동조합 매장이라고 하면 비교적 규모가 작고 농산물만 살 수 있는 곳을 연상하게 마련이니까. 김현숙 씨에게 물건을 주로 어디에서 구입하느냐고 물었다. "여기에도 한국과 마찬가지로 개인이 운영하는 슈퍼마켓도 있어요. 협동조합에서 운영하는 소비자 협동조합 매장도 있고요. 여기 사람들은 줄여서 콥이라고 해요. 장 보러 가면서 '나 콥에 갔다 올게'라고 해요. 워낙 콥이 생활 속에 침투했다고 할까요." 또한 매장의 크기가 다양하다고 한다. 우리나라의 마트와 비슷한 규모인 대형 매장인 이페르콥ipercoop도 있고, 우리나라의 생협 매장과 비슷한 크기의 미니콥minicoop도 있다. 이페르콥에는 농산물, 식료품뿐만 아니라 가전제품 등 공산품도 판매한다.

볼로냐의 평범한 가정, 알레시오Alessio 가족에게도 소비자 협동조합은 일상이다. 이 집의 냉장고 안에는 '콥coop'라는 상표가 붙은 식재료가 많다. 모차렐라 치즈, 닭 가슴살, 명태살, 볼로냐 햄, 공정무역 초콜릿, 그리고 과일 봉지에까지. 모두 소비자 협동조합에서 산 식료품이다. 그뿐만 아니다. 주방에 있는 냄비와 프라이팬에도 콥 마크가 붙어있다. 일곱 살짜리 아들 레오가 입은 티셔츠도 소비자 협동조합에서 구입했다고 한다.

왜 이렇게 소비자 협동조합에서 많이 샀을까? 간단하다. "식품은 할인도 많이 되고, 세일 상품도 많이 나와요. 집에서 가까워 편하고, 가격도 적당하니까. 또, 제품에 대한 신뢰도 있고요. 이제 무슨 물건이 어디에 있는지 알아서 편리해요. 매일 가다보니까 거기에서 사람들을 알게 되잖아요. 그러니까 거기에서 어떤 우정 같은 것도 생기고 그래요." 레오의 엄마 실비아와 할머니 루이자가 말한 이유다. 우리식으로 말하자면 '단골' 같은 느낌이겠다. 단지 물건을 사는 것이 아니라 신뢰와 우정을 나눈다고 할 수 있을까. 알레시오 가족은 동네에 있는 작은 콥 매장으로 거의 매일 장을 보러 가고, 큰 매장은 한 달에 두세 번 정도 이용한다고 했다.

이페르콥에 있는 소비자 협동조합 광고 사진. 가격이 낮다는 것을 표현한 광고다.

소비자 협동조합이 크다고 하면 얼마나 큰 것일까. 콥이탈리아는 이탈리아 북동부 4개 주 123개 소비자 협동조합의 연합체다. 대형매장 15개와 소형매장 135개를 갖고 있다. 연 매출은 대략 19억 2,000만 유로. 우리 돈으로 2조 8,000억 원가량 된다. 이 정도면 한국의 대형 마트의 1년 매출액과 비슷한 수준이다. 외형상 대기업에 버금가는 규모다. 이탈리아 국민의 60퍼센트가 이 협동조합의 조합원이라고 할 정도로 대중적 뿌리를 탄탄히 내리고 있다. 우리나라에서는 소비자 협동조합 매장이라고 하면 규모가 작고 주로 농산물을 파는 곳을 떠올리지만, 이탈리아의 소비자 협동조합은 공산품도 취급하고, 규모 또한 작은 가게에서부터 대형 마트급까지 다양하다. 매장 가운데 가장 규모가 큰 소비자 협동조합(생협) 매장을 이페르콥이라고 한다.

백문이 불여일견. 볼로냐 외곽의 소비자 협동조합 매장 이페르콥을 방문했다. 외견상 우리나라의 대형 마트와 그리 달라 보이지 않았다. 밖에서 본 외관은 딱 우리나라에서 자주 볼 수 있는 대형 마트와 같다. 내부도 비슷하다. 대형 마트 크기의 매장이 있고, 입구의 통로 양쪽으로 각종 의류 브랜드 매장이 입주해있다. 우리나라의 어느 마트에 온 듯한 느낌이 들었다. 매장에서는 콥 상표가 붙은 제품들이 눈에 띄었다. 콥 콜라, 콥 세제 등 콥 마크가 붙

위) 이탈리아 이페르콥에는 콥 마크가 찍힌 제품이 많았다. 사진은 협동조합 콜라.
아래) 이페르콥의 한 매장. 신선한 농산물에 대한 신뢰도가 높다고 한다.

어있는 제품은 협동조합에서 자체 생산한 것이다.

소비자 협동조합에서 새마을금고처럼 간단한 예금 수신 업무를 하기도 한다. 그 표현이 재미있다. 예금주라고 표현하지 않고, (소비자 협동조합에) '돈을 빌려주는 조합원'이라고 부른다. 이곳은 이탈리아 일반은행보다 금리가 조금 높다.

소비자는 이 협동조합에 가입할 때 25유로를 낸다. 우리 돈 3만 6,000원이다. 김현숙 씨는 "비조합원도 물건을 살 수 있지만, 조합원에게는 마일리지 혜택이 있어 협동조합에 가입하지 않을 이유가 없다. 물건에 대한 신뢰도도 높다."라고 말했다. 조합원이 아니라도 물건을 구매할 수 있는데도(우리나라의 소비자 생활 협동조합 매장에서는 조합원만 물건을 구입할 수 있다. 법이 그렇게 되어있다.) 굳이 조합원으로 가입하는 이유는 무엇인가? 조합원이 되면 이점이 더 많으므로 '가입하지 않을 이유'가 없기 때문이다. 조합비를 내면 25유로 상당의 장을 볼 수 있는 쿠폰을 보내준다. 조합원에게는 할인 혜택이 있다. 또 물건을 사면 포인트를 주는데, 이 포인트로 물건을 살 수도 있다. 이 포인트에 따라 그리 큰 액수는 아니지만 연말에 이윤 배당도 받는다.

이 매장에서 만난 할머니 파스컬리 파트리치아Pascali Patrizia는 참치, 채소, 빵가루, 샐러드 등 콥 제품을 구입했다. 가격 대비 품질이 좋고 할인이 많이 되고 포인트도 쌓을 수 있어 이 매장에서 물건을 많이 산다고 했다. 시장을 얼마나 이용했는가에 따라 포인트를 쌓고, 500포인트면 물건값을 5퍼센트 할인해주고, 1,000포인트가 되면 물건값을 10퍼센트 할인해준다고 했다. 그녀는 지난해 10유로 정도 배당을 받았다고 말했다. 특별히 콥을 이용하는 이유는? "물건이 없는 게 없고, 나에게 훨씬 더 이익이 되니까."

다른 소비자의 말도 비슷했다. 중년 여성 에반젤리스티 그라치엘라Evangelisti Graziella는 일주일에 한 번 이 매장에 와서 장을 본다. 그녀는 "콥 제품을 신뢰한다. 손자가 어린데 손자에게 좋은 음식을 먹이고 싶다. 예를 들어 방부제가 없는 제품들. 그런 면에서 콥 제품은 신뢰가 간다."라고 말했다. 그녀 또한 25유로를 내고 조합원으로 가입했다. 그녀는 "여행을 많이 가는 편이다. 콥에서 하는 '로빈투어Robintour'라는 여행사가 있는데 조합원이라 그곳에서도 혜택을 많이 본다. 또, 연말에는 배당을 받는다. 조합원을 해서 좋은 점이 무척 많다."라고 말했다. 이탈리아 볼로냐에서는 '왜 콥을 이용하는지' 질문하는 것은 의미가 없어 보였다. 소비자 협동조합은 이들에게는 이미 생활의 일부분이니까. 왜 일상이 그러하냐고 묻는다면, '그게 일상이니까'라고 답할 수밖에.

이탈리아의 소비자 협동조합 매장 이페르콥은 외견상 우리나라의 대형 마트와 비슷한 것처럼 보인다. 하지만 소비가 이들의 삶에 미치는 방식에는 큰 차이가 있다. 우리나라에서는 대형 마트가 들어서면 인근 골목 상권이 죽게 된다. 대기업이 재래시장과 자영업자의 삶을 어렵게 한다는 비판을 받는다. 이탈리아 볼로냐의 소비자 협동조합은 어떠한가? 작은 생산 업체와 상점이 협동해서 대형 매장을 세웠고, 소비자는 신뢰를 기반으로 조합원으로 가입해 물건을 구입하고 이윤 배당을 받는다. 그러면서 연 3조 원에 가까운 매출을 올린다. 생산자 사이의 협동, 소비자와 생산자 사이의 협동. 그 협동의 힘은 강했다.

농민들끼리 협동하다, 농민 협동조합 코메타

소비자 생활 협동조합이 있다면 생산자 협동조합도 있다. 우리의 경험을 살펴보자. 2010년 배추 소매가격이 폭등한 적이 있다. 포기당 가격이 1만 5,000원을 넘기면서 김치가 아니라 '금치'라는 말까지 나왔다. 그전 해에 비해 네 배나 오른 가격이었고, 연일 사상 최고치를 기록했다는 뉴스가 쏟아졌다. 기후적 요인으로 수요와 공급이 불균형했다. 배추 소매가격은 폭등했지만 막상 생산자인 농민의 판매 가격은 늘어나지도 않았다. 배추 수집상의 유통 비용이 많이 늘어났고, 결국 농민의 판매 가격과는 무관하게 소비자만 사상 최고가의 배추를 먹게 되었다.

그런데 배춧값이 폭등해 '배추 사재기' 현상까지 나타났던 그 다음 해는 어떠했나? 이번에는 배춧값이 폭락해 수확 비용도 거두지 못할 것 같아 농민들이 배추밭을 갈아엎기도 했다. 농산물은 이렇듯 가격이 폭등하거나 폭락하는 게 반복되었다.

볼로냐의 농민은 이런 가격 폭락-폭등 현상에 어떻게 대응하고 있을까? 감자·양파 재배 농민 협동조합 '코메타Cometa'를 예로 들 수 있겠다. 코메타를 찾았을 때는 양파 분류 작업이 한창이었다. 양파 더미가 레일을 따라오면 이를 크기에 따라 분류하고 포장해 마흔여섯 개 냉장창고에서 보관한다. 냉장창고 온도는 6도에서 8도로 유지되는데 10개월까지 보관할 수 있다.

코메타는 1968년에 감자·양파 농사를 짓는 농민 마흔 명이 출자해 만들었다. 이들이 협동조합을 만든 이유는 단순하다. 생산물을 적정 가격에 팔기 위해서였다. 클라우디오 브린타촐리 Claudio Brintazoli 코메타 이사는 "수확할 기간이 되면 가격이 갑자기 하락하거나 상인이 일부만 사가는 일이 많았다. 중간상인들이 문제였다. 중간상인이 유통마진을 떼서 가져갔기 때문에 농민이 일한 만큼 돈을 받지 못했다. 적절한 가격으로 판매하기 위해 협동조합을 만들었다."라고 말했다.

가격이 폭등하거나 폭락하는 것에 대응하려면 냉장창고가 필요했다. 비용을 감당하기 어려우니 혼자서 이런 시설을 만들 수는

코메타 직원이 감자를 분류하다가 카메라를 발견하고는 환하게 미소 지었다.

없었다. 조합은 출자금을 모으고, 가공 기계 등을 구입했다. 그리고 1972년에 처음으로 저장창고를 만들었다. 당시에 여섯 개를 만들었는데, 그러면서 넉 달에서 다섯 달가량 감자와 양파를 저장할 수 있었다.

그 창고가 지금은 마흔여섯 개까지 늘어났다. 감자 1만 톤, 양파 1만 5,000톤까지 저장할 수 있다. 이제는 8월에 수확하면 이듬해 5월까지 저장할 수 있다. 직접 포장까지 해서 매장으로 공급한다. 공급 시기를 조절할 수 있게 되면서 가격 폭락을 막고 수익을 조정할 수 있게 되었다.

2010년에는 수확량이 적어 가격이 높고, 2011년은 반대로 수확량이 너무 많아 가격이 낮기는 했다. 수요와 공급에 따라 가격이 변하는 것은 어찌할 수 없는 노릇이지만, 저장 시설이 없어 싼 가격에 '어쩔 수 없이' 농산물을 중간상인에게 넘겨야 하는 일은 없어졌다. 출하 시기와 양을 조절할 수 있기 때문이다. 또 1972년에 저장창고를 만들게 되면서 수출도 할 수 있게 되었다고 한다. 독일, 프랑스, 덴마크, 네덜란드, 우간다 등에 수출한다. 혼자서는 도저히 불가능했던 일이 협동조합 때문에 가능하게 되었다.

코메타의 클라우디오 브린타촐리 이사는 "코메타가 생긴 이후에 농민의 삶이 많이 달라졌다."라고 말했다. 그의 말을 계속 들어보자. "제일 중요한 것은 농민의 걱정이 없어졌다는 거예요. 전에는 판로가 없어서 아예 수확을 포기한 농민도 많았어요. 그런데 코메타가 생긴 후로 여기에서 보관해주고 알아서 팔아주니까 걱정거리가 없어졌지요. 그리고 관리 경영에 필요한 비용만 제하고 유통마진 없이 농민에게 다 돌려주니까 농민의 삶이 아주 윤택해졌어요. 수입이 거의 두 배 이상 늘어났습니다."

2011년 현재 코메타의 농민 조합원은 82명. 조합원 가입 신청을 하면 이사회에서 심사한다. 경작지 규모를 따지고 회원으로 가입하는 게 적절한지를 판단한다. 심사를 통과하면 출자금 250유로(약 37만 원)를 낸다. 이는 저장가공시설을 이용하는 최소비용이다.

코메타는 조합원 참여를 중요시한다. 3년에 한 번씩 조합원 총회를 열어 '7인 관리위원회'를 뽑고, 이 중에서 조합 대표를 선출한다. 별도로 세 명으로 구성한 재무위원회를 두고, 7인 관리위원회가 재무위원회를 감독한다. 중요한 투자 사항이 생기면 7인 관리위원회에서 결정하는데, 조합원 총회를 따로 열기도 한다. 매년 이익의 일정 부분을 조합 기금으로 적립하고 재투자에 사용한다. 코메타는 2010년에 감자와 양파 2만 5,000톤을 수확하고 판매해 1,100만 유로를 벌어들였다. 우리 돈으로 160억이라는 매출 성과를 올렸다.

비영리기업 협동조합의 경쟁력은 어디서 나오는가?

협동조합의 경쟁력은 조합원의 충성심과 공동 행동, 그리고 원가 경영에서 나온다. 협동조합의 조합원은 사업의 이용자, 곧 고객이다. 가장 충성스러운 고객 집단을 마케팅 비용을 들이지 않고도 저절로 확보한 셈이다. 또한, 조합의 가게를 많이 이용할수록 연말 잉여금이 불어나는 '이용 배당' 방식은 조합원의 충성심을 지속적으로 강화할 수 있는 장치다.

조합원의 자발적인 공동 행동 또한 시장에서 경쟁 우위를 확보하기 위한 핵심 수단이다. 예를 들어 농민 생산자들이 하나의 협동조합으로 물량을 다 모은다면 이마트와의 교섭에서도 제값을 받아낼 수 있다.

협동조합 경쟁력의 또 다른 원천은 이른바 '원가 경영'이다. 일반 영리기업은 주주 이익 극대화를 위해 가격을 올려 받는 데 반해, 협동조합은 그럴 필요가 없으니 손해 보지 않는 선에서 물건을 값싸게 공급할 수 있다. 가격 경쟁력이 생길 수밖에 없다. 생산자 협동조합에서도 투자자 이윤을 생각하지 않으니 농민의 생산물을 더 비싼 값에 구입해줄 수 있다. 협동조합에서는 농민의 결속을 위해 기회주의적 행동에 대해 일반적으로 강한 벌칙을 부여한다.

협동조합을 비영리기업이라고 부르는 까닭 또한 투자자 이윤을 추구하지 않고 원가 경영을 한다는 점에서 뿌리를 찾을 수 있다. 독과점 대기업이 초과 이윤으로 가져가거나 사업 과정에 참여하지 않는 단순 투자자가 차지하던 몫을 경제적 약자인 다수 소비자, 농민이 고루 나누도록 하는 '공익적' 기능을 수행하기 때문이다. 그래서 많은 나라에서는 협동조합 기업의 독과점에 대해서는 처벌을 하지 않거나 완화하는, 공정거래법의 예외 조항을 두고 있다.

집도 협동조합으로 구입한다, 주택 협동조합 콥안살로니

'붉은 지붕의 도시'로 유명한 볼로냐. 촘촘하게 들어선 낡은 집과 좁은 골목길, 그리고 온통 붉은 빛깔의 지붕들. 멀리 높은 언덕에서 바라본 볼로냐 구도심의 전경은 참 아름답다. 그 아름다운 집들을 보면서 문득 궁금했다. 이탈리아 볼로냐에서 주택 문제는 어떨까. 이곳에서도 우리나라처럼 집을 '재테크 수단'으로 생각할까? 부동산 투기는 없을까?

　이탈리아에서 20여 년 가까이 산 김현숙 씨는 "집값이 막 뛰어서 누군가 돈을 벌었다는 이야기를 들어본 적이 없다."라고 말했다. 주택 가격도 비교적 완만하고, 집을 거주 목적으로 구입하지 투자 목적으로 산다는 말을 이탈리아 볼로냐에서는 들어본 적이 없다고 했다. 주택 문화가 우리나라와는 많이 다른 듯했다. "여기 사람들은 자기 필요에 따라 집을 사는 것 같아요. 한국에서는 아파트를 샀다고 하면, 어느 지역에 몇 평을 샀는지를 물어보잖아요. 여기는 그런 게 중요하지 않아요. 방이 네 개다 다섯 개다 자랑하는 일도 없고요. 부자와 가난한 사람이 섞여서 사는 것 같아요. 교수랑 노동자가 한동네에 섞여 살아요. 어디가 좋다, 잘사는 곳이다 하는 구역이 있는 것도 아니고." 이탈리아 볼로냐에서는 '강남, 강북' 식으로 좋은 지역을 따지지 않는다는 설명이었다.

과거에는 상황이 달랐나보다. 주택 협동조합 콥안살로니Coop Ansaloni의 프랑코 라치리Franco Lazzari 대표에 따르면, 1980년대까지만 해도 의사, 변호사 등 돈이 많은 사람만 집을 살 수 있었다고 한다. 그는 "그때만 해도 볼로냐 시민의 40퍼센트만 집을 갖고 있었다."라고 말했다. 지금은? 85퍼센트가 집을 소유하고 있단다. 이렇게 된 데에는 주택 협동조합이 큰 역할을 했다고 한다. 주택 협동조합이 은행에서 융자를 받아 집을 지어, 공장 노동자나 가난한 사람이 집을 구입할 수 있도록 했다는 것이다. 주택 협동조합은 좋은 품질의 주택을 거품 없는 가격에 저렴하게 공급했다.

볼로냐의 평범한 가족 알레시오의 부모님도 주택 협동조합에서 집을 샀다고 한다. "1985년도에 '에디포르나차이Edilfornaciai'라는

주택 협동조합 콥안살로니의 분양 광고판.

협동조합에서 집을 샀어요. 방 두 개, 화장실 두 개, 부엌이 있고, 포도주 저장고가 있어요. 큰 테라스가 있는 집이죠." 포도주 저장고와 테라스가 있는 집이라니 왠지 낭만이 느껴졌다. 협동조합을 통해 집을 산 이유를 물으니 품질이 만족스럽고 가격이 쌌다고 한다. 또 주 정부에서 주는 인센티브가 있었단다. 협동조합은 집을 많이 지어봐서 집을 잘 짓는다고도 덧붙였다.

주택 협동조합 콥안살로니는 1948년에 설립되었는데, 그동안 이 조합이 공급한 주택이 7,000여 채가량 된다. 처음 조합이 설립됐을 때는 조합원이 50~60명이었는데 지금은 1만 1,500여 명에 이른다. 볼로냐에는 이런 주택 협동조합이 여러 개 있다. 주택을 지어 분양하는 협동조합과 임대를 주로 하는 주택 협동조합, 두 종류로 나뉜다. 볼로냐에 있는 주택 가운데 35퍼센트가 주택 협동조합에서 지어 공급한 것이라고 한다. 홍보담당 이사 굴리엘미나 라차리Guglielmina Lazzari는 "볼로냐 사람들은 일반 건설사가 지은 주택보다 우리 같은 주택 협동조합에서 지은 주택을 더 신뢰하고 선호한다. 주택 협동조합이 재정적으로 탄탄하다는 것을 알고, 시간이 지나도 주택 수리 등 사후관리가 좋기 때문이다."라고 말했다.

주택 협동조합의 조합원이 되는 절차는 어렵지 않다. 출자금 175유로를 내면 누구나 조합원 자격을 얻을 수 있다. 조합원이 되면 조합에서 제공하는 주택을 골라 예약할 수 있다. 집을 구입할 때 돈이 모자라면 10년 동안 임대한 뒤에 살 수도 있다. 게다가 10년 동안 낸 임대료가 집값에 포함되기 때문에 그만큼 더 싸게 살 수 있다. 이런 방식으로 볼로냐의 주택 협동조합이 서민 주택 가격 안정에 큰 기여를 했다고 한다.

프랑코 라차리 대표는 "여기도 사기업 개발업자가 있고, 부동산 투기가 있었다. 우리 주택 협동조합의 가장 큰 기여는 바로 부동산 투기를 잡은 것이다. 우리는 사기업처럼 이윤을 많이 붙이지 않기 때문에 주택을 싸게 공급할 수 있다. 그런 방식으로 사기업과 전쟁을 하다시피 해서 투기를 잡았다."라고 말했다.

협동조합의 자회사 기업, 그라나롤로

취재진의 다음 방문처는 한 낙농 조합이 세운 자회사 기업이었다. 공장 규모가 컸다. 대형 원유차가 쉴 새 없이 드나들었다. 공장에서 일하는 직원은 모두 흰 가운과 위생용 모자를 쓰고 근무했다. 이탈리아 피자집 주방장 같은 느낌. 직원들은 친절했고, 그들이 쓰는 이탈리아어의 말투는 빠르고 경쾌했다. 철저한 위생을 중시하는 회사인 만큼 취재진도 에어 샤워를 하고, 온몸을 둘러싸는 위생용 가운과 모자를 쓴 후에야 견학할 수 있었다. 공장은 거의 자동화된 현대식 공장이었다. 마침 모차렐라 치즈를 만들고 있었다. 찬물에 둥둥 뜬 모차렐라 치즈를 한 입 맛보았다. 약간의 시큼함과 쫄깃쫄깃함, 역시 즉석에서 먹는 맛이 최고다. 우리나라에서도 수입하는 제품이라고 했다. 이곳은 협동조합 기업 그라나롤로 공장이다.

그라나롤로는 낙농 협동조합 '그란라테granlatte'가 세운 낙농 기업이다. 비상장 주식회사로 주식의 80퍼센트를 그란라테 조합원이 소유하고 있다. 대주주라고 할 만한 이가 따로 없다. 그라나롤로는 이탈리아에서 우유 시장점유율 1위, 요구르트 점유율 2위를 기록했다. 이 기업을 세운 그란라테의 조합원은 1,000여 명. 이들이 그라나롤로에 우유를 납품하면 여기에서 우유를 가공해 요구르트, 치즈 등을 만들어 판매한다. 판매 수익은 조합원에게 돌려준다.

협동조합이 세운 이 회사의 주요 기능은 제품 품질을 고르게 유지하고, 출하 가격을 조정하는 일이다. 회사 기술자가 1년에 두 번 목장을 방문해 품질관리를 한다. 법에서 정한 기준보다 더 엄격하게 품질관리를 한다. 우유를 집유하기 전에 단백질 함유량 등을 점검한다. 모든 수치가 일정한 기준을 넘어서야 우유를 수집한다. 공장에서는 원유를 거두어 우유·생크림·치즈 등으로 가공한다.

그라나롤로의 유제품 생산 공장. 조합원이 납품한 원유를 우유·생크림·치즈 등으로 가공한다.

그라나롤로는 이탈리아에서 유일하게 우유 생산의 전 과정을 감독한다고 한다. 소가 위생적인 물을 먹는지에서부터, 어떤 환경에서 사육되는지를 점검한다. 그리고 동물의 건강 상태를 검사해 보증서를 발급하기도 한다. 또 우유와 유제품 생산자를 추적할 수 있게 함으로써 소비자에게 신뢰를 쌓는다. 이런 과정을 통해 좋은 품질의 우유를 생산하도록 관리한다. 좋은 품질의 원유를 생산한 낙농가에게 높은 가격을 책정해주니까 기업은 소비자로부터 신뢰를 얻고, 낙농가는 노력한 만큼 보상을 받게 되는 것이다.

홍보 담당인 클라우디아 실바니는 "좋은 우유를 생산하면 더 많은 이윤을 낼 수 있습니다. 이윤 분배는 1년에 2회 여는 총회에서 결정해요."라고 말했다. 잔 피에로 칼촐라리Gian Piero Calzolari 대표는 "그라나롤로를 통해 얻은 이익으로는 소규모 낙농가가 살아남을 수 있도록 도와주고, 생산력과 품질을 높일 수 있도록 투자해줄 수 있습니다. 하지만 돈보다 더 중요한 게 있습니다. 바로 낙농생산업자가 스스로 자신감과 자부심을 느끼게 해준다는 것입니다."라고 말했다.

협동조합이 운영하는 기업이라고 해도 위기가 오지 않았을까. 예를 들어 2008년 경제 위기 때는 어땠을까? 홍보담당 미리암 피노키아로Miriam Finocchiaro에게 물었다. 그는 "그라나롤로에서는 한 사람도 일자리를 잃지 않았습니다. 이탈리아 협동조합에서는 거의 실직이 없었습니다. 왜냐하면 협동조합의 가장 중요한 정신이 일자리를 지키고 사람을 지키는 것이기 때문입니다."라고 말했다. 이런 정신은 협동조합이 경제 위기 같은 어려운 순간에 더욱 큰 힘을 발휘할 수 있는 비결이기도 하다. 물론 협동조합도 기업이기 때문에 도산의 위험이 존재한다. 하지만 그럴 경우 다른 협동조합에서 실직한 이를 고용하는 방식으로 고용 불안의 문제를 풀어나간다. 국제협동조합연맹 폴린 그린Pauline Green 회장의 말처럼, 협동조합 기업도 다른 기업과 마찬가지로 사업을 벌여 이윤을 남기지만 가장 중요하게 여기는 것은 조합원과 그들의 일자리다.

　이런 기업 문화 덕분에 임금이 더 높은 다른 회사에서 이직해 온 사람이 꽤 많다고 한다. 일단 입사하면 이직하는 이가 적다고 한다. 치즈 기계를 작동하는 마르티니 마시모Martini Massimo는 "그라나롤로에서 일한 지 34년째다. 동료들끼리 사이가 좋고, 임금도 높다."라며 자랑이다. 홍보 담당 클라우디아 실바니 씨도 협동조합 기업 문화에 반해 입사한 케이스다. 그녀는 미국계 다국적 아이티IT 기업인 야후 이탈리아에서 7년가량 일하다 이 회사로 이직했다. 이전 회사와 큰 차이가 있느냐고 묻자 그녀는 이렇게 대답했다. "협동조합 기업은 일반 기업과 문화가 다릅니다. 이전 회사에서는 개인 간 경쟁이 무척 심했고, 업무량도 너무 많았습니다. 하루에 열두 시간씩 일했고, 내 옆자리 사람이 경쟁자처럼 느껴졌어요. 반면에 이곳은 서로 협력하는 분위기가 강합니다. 지금은 정확하게 여덟 시간 일합니다. 동료가 경쟁자라기보다는 같은 팀이라고 느껴집니다. 서로 힘을 합해 여유롭게 일하면서도 좋은 품질을 유지하는 것. 그게 큰 장점입니다."

그라나롤로 직원의 말을 들으면서 다시 우리 사회를 떠올렸다. 우리는 경쟁에 익숙할까, 협동에 익숙할까. 경쟁을 너무나 당연한 것으로 여기고, 그 경쟁에서 반드시 이겨야 한다고 학습된 것은 아닐까. 볼로냐 대학의 자마니 교수의 말이 떠올랐다. "경쟁에는 두 종류가 있습니다. 타인을 이겨야 자신이 승리하는 경쟁positional competition이 있고, 또 다른 경쟁이 있습니다. 바로 협력적 경쟁cooperative competition입니다." 나도 이기고, 너도 이기는 경쟁. 함께 일하면서 둘 다 이기는 경쟁. 자마니 교수는 협동조합은 바로 이런 '협력적 경쟁' 방식으로 일한다고 했는데 그라나롤로의 직원은 그 협력적 경쟁을 몸과 마음으로 느끼는 듯했다.

그라나롤로 같은 협동조합 기업에서 중요하게 여기는 가치가 바로 '사회적 책임'이다. 이 회사 구내식당에는 '탄자니아 어린이' 사진이 붙어있었다. 무슨 포스터일까? 바로 이 회사가 하는 '아프리카 밀크 프로젝트'에 관한 것이다. 잔 피에로 칼촐라리 대표는 프로젝트의 동기와 목적을 이렇게 설명했다. "생산자에게도 사회적 책임이 중요합니다. 우리는 전쟁 이후에 낙농업을 시작하면서 성장했습니다. 그래서 어떻게 하면 좋은 생산자가 되고, 경제적으로 독립할 수 있는지 그 방법을 다른 나라에도 가르쳐주기로 했습니다. 어떤 나라가 좋을지 찾았고, 적당한 나라로 탄자니아를 결정했습니다."

탄자니아는 분유를 물에 타서 어린아이들에게 먹이는데, 안전한 물이 부족해서 위생 상태가 좋지 않았다. 멸균된 우유를 아이들에게 마시게 할 방법을 찾아주자는 프로젝트를 시작하게 되었다. 그라나롤로는 탄자니아 주민을 초청해 협동조합을 어떻게 만드는지 가르쳐주고, 몇 달 후에 낙농 기술자들이 탄자니아로 가서 기술을 전수했다. 2004년부터 10년 계획으로 탄자니아 농민을 교육해 낙농 기술을 전파하고 협동조합을 설립하는 것을 돕고 있다. 이를 통해 탄자니아 사람 2만 3,000명을 자립할 수 있게 하는 게 목표라고 한다. 사회에 기여하는 것. 이는 협동조합의 주요 원칙 가운데 하나다.

지역사회에 밀착하는 것도 그라나롤로의 특징이다. 지역사회에 일자리를 제공할 뿐만 아니라 어린이를 위한 스포츠 행사, 문화 행사를 지원한다. 잔 피에로 칼촐라리 대표는 "다국적 기업은 이

그라나롤로 구내식당에는 '아프리카 밀크 프로젝트' 포스터가 붙어있다.

윤만 생각하기 때문에 싼 우유를 사서 팔기만 하지만, 협동조합은 이윤보다는 사람이 중요하다고 생각합니다. 이곳 사람들은 그라 나롤로를 지역사회의 것으로 생각하고, 그라나롤로에서 만든 우유는 집에서 만든 우유라고 생각합니다."라고 말했다.

이윤보다는 가치를 중요하게 여기는 기업, 그라나롤로는 급여체계도 일반 기업과 다르다. 대표의 임금이 평직원 월급의 다섯 배 정도일 뿐이다. 시이오CEO가 수백, 수천만 달러 연봉을 받는 미국식 회사와는 다르다. 만약 지금보다 훨씬 더 많은 연봉을 준다면 다른 대기업으로 이직하겠느냐고 잔 피에로 칼촐라리 대표에게 물었다. 그의 대답은 단호했다. "내가 여기에 있는 이유는 문화적·정치적 연대 의식을 갖고 존중과 같은 사회적 가치, 협동조합 정신을 배울 수 있어서입니다. 이건 나의 선택입니다. 나는 옮기지 않을 것입니다."

협동조합끼리 협동한다? 유치원 협동조합 카라박 프로젝트

볼로냐에서는 협동조합의 흔적을 흔하게 볼 수 있다. 통역자 김현숙 씨는 차를 타고 이동할 때면 '저 건물은 지금 건축 협동조합에서 지었고, 이 다리도 다른 건축 협동조합이 짓는 것'이라고 일러주었다. 볼로냐의 협동조합을 취재하러 오는, 혹은 견학하러 오는 한국인의 통역을 자주 하다보니 협동조합에 관심을 두고 공부했다고 한다. 그녀는 농담을 섞어 "이곳에서는 협동조합이 우리말로 뭐랄까 '다 해먹는다'는 느낌마저도 들어요."라고 말했다. 한국의 대형 마트급 소비자 협동조합 매장에서 장을 보고, 택시를 타도 협동조합이고, 급식도 협동조합이고……. 협동조합만 이용해도 일상생활에 아무런 지장이 없으니, 그런 말을 할 만하다. 여기에 하나 더 추가할 수 있겠다. 바로 협동조합에서 연대해 만든 유치원이다. 협동조합에서 유치원도 한다!

협동조합은 개인이 혼자서는 이룰 수 없는 목적을 이루기 위해 여럿이 힘을 합하는 것이다. 마찬가지로 개별 협동조합이 하기 어려운 일은 협동조합끼리 협력해 추진한다. 국제협동조합연맹 ICA도 '협동조합 사이의 협동'을 강조한다. 볼로냐의 협동조합들이 컨소시엄을 구성한 '카라박KARABAK' 프로젝트를 예로 들 수 있다. 사회적 협동조합이면서 노동자 협동조합인 카디아이CADIAI, 급식 협동조합 캄스트CAMST, 건축 협동조합 치페아CIPEA 등 다섯 개 협동조합이 컨소시엄을 구성해 유치원 열 개를 지었다. 각 유치원에 '카라박1, 카라박2,……' 이런 식으로 번호를 매겼다. 유치원을 짓는 데 드는 돈을 협동조합이 공동으로 부담하고, 운영비는 지방정부에서 지원받는다.

유치원 설립은 각 협동조합의 특성을 발휘하기 좋은 프로젝트였다. 카디아이는 1974년에 생긴 복합적 성격의 협동조합이다. 어린이와 노인 및 저소득층을 상대로 보육 및 의료 서비스를 제공하는 사회적 협동조합이면서도 유치원 교사, 유치원 청소부, 간호사, 전문 교사가 좋은 일자리 유지를 위해 설립한 노동자 협동조합의 성격을 동시에 지닌다. 카디아이의 노동자 조합원이 되기 위해서는 출자금 1,800유로를 낸다. 2011년 6월 현재 조합원 숫자는 745명. 조합원이 아니어도 일할 수 있으나, 조합원은 조합으로부터 돈을 빌릴 때 시중은행보다 낮은 이자로 빌릴 수 있는 등 혜택이 있다. 카디아이는 유치원을 세우는 '카라박 프로젝트'에 주도적으로 참여해 보육 및 교육 서비스를 제공하는 교사와 관리 직원을 파견한다. 급식은 학교 급식 경험이 많은 급식 협동조합 캄스트가 담당했다. 유치원 건물을 짓는 것은 건축 협동조합에서 맡았다.

이 카라박 프로젝트는 시청이 유치원 설립 공고를 내면서 시작되었다. 시청에서 유치원을 어떤 조건으로 지어야 하는지 조건을 달아 공고를 냈다. 여러 협동조합이 컨소시엄을 구성했고, 프로젝트를 낙찰받은 것이다. 카디아이의 라라 푸리에리^{Lara Furieri} 씨는 "시에서 부지를 제공하고 운영비를 지원하는 대신 20년 후에 유치원 소유권을 시로 이전하기로 했습니다. 20년 동안 우리는 조합원의 일자리를 얻을 수 있습니다. 카라박 유치원을 계속 짓고 있습니다. 협동조합이 협동해 얻어낸 성과입니다."라고 말했다.

　푸리에리 씨와 '카라박6' 유치원을 방문했다. 유치원 지붕에 태양열 집열판이 보였다. 건축자재도 대부분 목재나 친환경 재료를 사용했다고 한다. 자연 채광으로 유치원 내부가 무척 밝았다. 공간도 널찍했고, 놀이터 시설도 고급스러워 보였다. 유치원은 통상 연령대별로 네 구역으로 나뉘어 있다. 첫 번째 구역은 3개월에서 12개월까지 열여섯 명의 아이가 있고, 또 다른 두 개 구역은 13개월에서 20개월까지 어린이들이 한 반을 이룬다. 네 번째 구역에는 13개월에서 36개월까지 아이들이 함께 생활한다. 반마다 화장실이 따로 있고, 보통 유치원 교사 예닐곱 명의 아이들을 돌본다. 아이들이 쓸 수 있는 침대가 따로 있고, 침대에는 아이들 한 명 한 명의 사진이 붙어있다. 아이마다 개인 물품과 개인 우편함이 따로 있다. 개인 우편함에는 아이들이 그날 하루 무슨 음식을 먹었는지, 어떤 활동을 주로 했는지 적어 넣은 서류가 담겨있다. 거의 매일 아이들 사진을 찍어 오늘 아이가 어떤 활동을 했는지, 어떤 음식을 먹었는지를 부모에게 보여준다. 아이들 활동을 사진으로 담아 직접 보여주니 부모들의 반응이 좋을 수밖에 없다.

　12~36개월 아이 일흔여덟 명이 다니는 카라박6은 교사가 열다섯 명이다. 유치원 교사인 다니엘라 도미니카 과란토 씨는 카

위) 다섯 개의 협동조합이 컨소시엄을 구성해 카라박 유치원을 만들었다.
아래) 카라박 유치원 내부. 자연 채광으로 밝고 공간이 널찍하다.

디아이 조합원이다. 출자금으로 1,800유로(약 265만 원)를 냈다. 더는 일을 할 의사가 없으면 출자금을 돌려받는다. 임신 중인 과란토 씨는 근무시간을 유연하게 조정할 수 있다. 카디아이의 임신 여성은 놀랍게도 다섯 달의 출산 휴직 기간에 평시 급여의 100퍼센트 전액을 지급받는다. 정부에서 제공하는 출산 휴직 급여는 80퍼센트지만, 카디아이에서 자체적으로 나머지 20퍼센트의 급여를 더 지원한다는 것이다. 조합원들의 '일과 삶의 균형'을 중요하게 여기는 노동자 협동조합의 진면목을 볼 수 있는 대목이다. 그녀는 "이전에는 초등학교에서 장애인 아동을 돌보는 일을 했어요. 출산 이후 카라박6에서 일하게 되었습니다. 이곳에서 일하게 돼 행복합니다."라고 말했다. 여성 1,076명과 남성 170명이 노동자 협동조합 카디아이에서 교육과 의료 서비스와 관련한 일자리를 얻고 있다.

요리사와 웨이터의 노동자 협동조합, 캄스트

취재진이 방문했던 카라박 유치원과 그라나롤로는 공통점이 있다. 두 곳의 구내식당을 같은 협동조합에서 운영하고 있었다. 바로 급식 협동조합인 캄스트였다. 캄스트는 이탈리아 급식 시장에서 7퍼센트가량을 차지하는 대기업으로, 유럽 최대의 생산노동자 협동조합이기도 하다. 8,000여 명 직원 중 80퍼센트가 조합원으로 가입해있다. 이 급식 협동조합은 관공서나 학교, 병원, 개인 식당 등과 계약을 맺는데, 이탈리아에서 학교 급식 320여 개교 등 1,200여 곳이 넘는 곳에 급식 서비스를 제공한다.

사실 캄스트는 애초 취재 대상이 아니었다. 이탈리아로 건너오기 전에 미리 섭외해둔 협동조합이 아니었다. 통역을 맡은 김현숙 씨가 캄스트라는 업체도 협동조합인데, 이곳에서는 유명하고 마침 근방에 캄스트 구내식당이 있다고 해서 찾아간 터였다. 유명하다니 욕심이 생겼다. 어떻게 한번 취재해보고 싶었다. 김현숙 씨도 선뜻 "한번 물어나 볼까요?"라고 나섰다. 김현숙 씨가 캄스트 홍보팀과 통화하는 사이에, 한 노신사가 낯선 동양인들에게 말을 걸었다. 잠시 그가 김현숙 씨와 말을 하더니, 우리를 어떤 사무실로 안내했다. 안내를 마치자 키가 큰 그는 서류 가방을 들고 다시 일하러 나갔다. 이탈리아어를 전혀 알아듣지 못하는 우리는 '뭔 일인가' 했다. 김현숙 씨는 "저분이 여기 임원이라네요. 한국에서 협동조합에 대해 취재하러 왔다고 하니, 여기 캄스트 대표를 소개해준다고 하셨어요."라고 말했다. 그 친절한 노신사 덕분에 취재진은 캄스트의 파올로 젠코Paolo Genco 대표를 만날 수 있었다.

캄스트의 파올로 젠코 대표에 따르면, 캄스트의 역사는 2차 세계대전 직후인 1945년으로 거슬러 올라간다. 전쟁이 끝나고 모두가 가난했던 시절, 반파시즘 운동에 나섰던 웨이터와 요리사, 바텐더가 십시일반으로 출자해 노동자 협동조합을 세웠다. 가족의 생계를 꾸리기 위한 안정적인 일자리를 확보하자는 목적이었다. 처음에는 아내들이 집에서 만든 파스타와 빵을 남편들이 바구니에 담아 볼로냐 기차역에서 여행객을 상대로 팔기 시작했다. 이탈리아 최대의 급식 업체로 성장한 지금도 캄스트는 요리사와 웨이터 노동자가 어렵게 협동조합을 설립했던 그때의 초심을 잃지 않고 있다.

노동자 협동조합인 캄스트의 정신은 4대 사명에 잘 나타나있다. 제1 조항을 읽어보자.

"조합원 노동자의 고용을 보장하고 강화한다. 그들의 전문적인 역량 계발을 북돋우고 사회적 조건과 근로조건을 개선한다. 개개인의 건강과 품위 및 문화적 열망을 충족시키고 협동조합 경영 참여를 보장한다."

급식 사업을 어떻게 잘하고, 고객 만족을 극대화한다는 등의 내용은 '노동자 조합원을 위한 사명'의 후순위로 배치돼있다. 노동자의 좋은 일자리 유지를 위해 노동자가 스스로 세운 협동조합이라는 가치를 분명히 한 것이다. 캄스트는 해마다 발생하는 잉여금을 노동자 조합원에게 출자 지분으로 배당한다. 유럽 노동자 협동조합의 대표적인 성공 사례다.

캄스트가 중요하게 여기는 또 하나의 가치는 '지역'이다. 대형

캄스트 본사 건물 앞에 선 파올로 젠코 캄스트 대표.

프랜차이즈처럼 음식 메뉴를 통일하지 않는다. 지역마다 특색을 살려 지역민들이 즐겨 먹는 음식 메뉴를 추가한다. 가장 좋은 음식 재료를 선택한다는 점은 캄스트에서는 기본 중의 기본이다. 캄스트의 거래 원칙은 단순하면서 까다롭다. 파올로 젠코 대표는 "우리는 노동자가 안전한 작업장에서 일하는 것을 굉장히 중요하게 여깁니다."라고 말했다. 거래처를 고를 때 각종 인증서를 보유했는지를 따진다고 한다. 안전한 작업장이라는 인증서를 받았는지, 어린아이를 고용한 사업체는 아닌지, 유기농 인증서를 받은 농장인지 등등 세세하게 따진다. 파올로 젠코 대표는 "거래처에도 노동 윤리를 지켜서 사업하라고 말한다."라고 했다.

캄스트가 지금처럼 성장하게 된 데는 계기가 있었다. 1968년에 기업의 직원 점심 제공을 의무화하는 법이 만들어졌다. 그때 따로 구내식당을 만들기 어려웠던 기업이 캄스트와 많이 계약했고, 캄스트는 사업을 확장해나갈 수 있었다. 물론 어려움도 있었다. 1978년에 직원들 급여도 지급하지 못하고, 부도 위기에 처한 적이 있었단다. 그때 다른 협동조합이 연대해줘서 경제적 위기를 넘길 수 있었다. 파올로 젠코 대표는 "고기나 채소, 과일 등 우리가 거래했던 부문별 협동조합에서 파스타와 식자재를 좋은 조건으로 공급해주어 위기를 극복할 수 있었습니다. 아, 조금 전에 당신들을 나에게 소개해주었던 그 노신사가 당시 우리와 거래하던 여러 협동조합을

캄스트 구내식당. 파스타와 신선한 과일, 채소 등 음식이 풍성하다.

찾아다니면서 캄스트 상황을 설명하고 지원을 이끌어내 위기를 극복하는 데 결정적인 역할을 했던 어른입니다."라고 말했다.

다른 협동조합의 도움 덕분에 어려움을 극복할 수 있었던 캄스트는 이를 잊지 않고 이익을 지역사회에 기여하는 활동을 활발하게 벌이고 있다. 지역에 문화행사나 스포츠행사가 열리면 스폰서로 참여한다. 파울로 젠코 대표는 "가난한 사람을 돕는 일을 많이 합니다. 8월 15일 성모승천일이나 크리스마스 때는 볼로냐 시청 앞에서 가난한 사람들을 위해 무료로 음식을 제공합니다. 돈을 많이 버는 것도 중요하지만 사람들을 위해 사회적으로 도움을 주는 것 또한 중요하다고 생각합니다."라고 말했다.

인터뷰를 마치고 일행은 캄스트 구내식당으로 향했다. 인근 다른 회사에 근무하는 직장인들도 이용할 수 있다고 했다. 파스타, 신선한 과일과 채소 등 음식이 풍성했다. 식당에서 근무하는 산드라 포르투 나토는 14년째 이곳에서 일한다고 했다. 그녀는 "우리는 음식으로 장난 치지 않고, 책임감을 갖고 일을 합니다."라고 말했다. 점심 시간대에 500명가량이 식사하러 온다고 했다. 하루에 이 식당을 이용하는 이는 대략 900여 명선. 그녀는 자신이 캄스트 조합원이라고 했다. 캄스트의 조합원으로 이곳에서 일하면 무엇이 좋은지 물었다. 그녀는 "돈이 필요할 때 조합원에게 낮은 이자로 돈을 빌려줍니다. 또 영화를 보거나 문화생활을 할 때 할인을 많이 해줍니다. 그리고 무엇보다도 내가 이 회사의 한 부분으로 느껴져서 좋아요."라고 말했다. 자신이 회사의 일부분으로 느껴져 자긍심이 느껴지는 회사. 우리는 어떤가? 자신을 회사의 한 부품으로 느끼는 것은 아닌가. 그녀의 목소리는 밝았다.

연극도 협동조합으로, 바라카

볼로냐는 가히 협동조합의 도시라고 할 만했다. 농민 협동조합, 급식 협동조합, 낙농 협동조합 기업, 소비자 협동조합 등 협동조합 방식으로 경제활동을 하는 게 충분히 가능했다. 그렇다면 문화·예술 분야는 어떠할까?

어린이 연극 전용 극장 테스토니 라가치Testoni Ragazzi를 찾았다. 〈시네마 천국〉 같은 영화를 이런 곳에서 촬영하지 않았을까 싶은 오래된 극장이었다. 이 극장에서 협동조합으로 연극을 한다고 했다. 협동조합 이름은 '바라카Baracca'. 연극과 협동조합이라. 어떤 방식으로 운영되는지 감이 잡히지 않는다. 건물에 들어서니 어린이 동화책 같아 보이는 책이 눈에 들어온다. 어린이를 위한 예술 헌장. 어린이에게 문화와 예술은 권리임을 천명한 책이었다. '이 나라가 문화예술의 강국이자 세계적인 예술가를 배출하는 이유가 바로 이런 것이구나!' 하는 생각에 부러움을 느끼며 그들을 만났다.

이 연극 협동조합 바라카는 두 종류의 조합원으로 구성돼있다. 극단에서 연기 또는 기획과 운영에 참여하는 출자 조합원이 스물두 명 있고, 2,500~3,000유로의 출자금만 내는 조합원이 있다. 후자는 다른 협동조합 다섯 군데와 개인 두 명이다. 소비자 협동조합은 스폰서 역할을 하기도 한다.

그런데 문화 상품은 투자 비용이 많이 들어서 수익을 내기 어려운데 어떻게 협동조합으로 운영할 수 있을까? 우선 입장료 수입이 있다. 학교 같은 단체는 5유로, 개인은 8유로를 낸다. 입장료 수입은 전체 운영비의 7~8퍼센트를 차지하고, 시나 정부에서 30~35퍼센트를 보조해준다. 나머지는 해외 공연을 하거나 외부 공연을 해 수입을 메운다. 그동안 미국, 멕시코, 브라질, 모잠비크, 일본, 러시아, 우즈베키스탄 등에서 해외 공연을 한 바 있다. 우리나라에서도 공연한 적이 있다고 한다. 〈다른 관점에서 보자 guardiamo da un punto di vista diversa〉라는 2~4세를 위한 연극과 〈온 오프 on-off〉라는 영아를 위한 공연을 했다고 한다. 어린이를 위한 연극이라 대사가 적고, 이미지를 주로 활용한 공연이라 반응은 이탈리아 공연 때와 비슷했다고 한다.

이 연극 협동조합의 극장 시설은 시에서 무료로 제공해주거나 약간의 사용료를 지급하도록 한다. 주 정부와 계약하기도 한다. 1년에 한 번씩 연극을 몇 회 하면 얼마씩 돈을 보조한다는 계약을 맺는다. 요컨대 시나 주 정부에서 연극 협동조합이 공연하면 일정한 지원금을 주는 방식이다. 그러면 시나 주 정부는 왜 이 연극 협동조합에 지원금을 줄까? 그건 어린이에게 예술과 문화를 누릴 사회적 권리가 있고, 어렸을 때부터 아이들이 문화와 예술을 접하는 게 좋다고 인식하기 때문이다.

이 극단은 매년 0~3세, 4~7세, 7~10세, 청소년 등 연령대를 나누어 각각 나이에 어울리는 연극을 한다. 루치오 다멜리오Lucio D'amelio 대표는 "볼로냐 시에 등록된 3~15세 아이들이 3만 7,000여 명 정도입니다. 1년에 5만여 명의 아이들이 공연을 보러 옵니다. 한 명이 연간 두세 번 보러 오는 거죠. 이걸 보면 얼마나 많은 아이가 연극을 보러 오는지 알 수 있지 않을까요."라고 말했다.

문화와 예술을 사회의 주요한 자원으로 인식하고, 이를 지원하는 사회. 그래서일까. 연극 협동조합에서 이익이 나면 그 이익은 개인에게 돌아가지 않는다. 가령 100을 투자해 130을 벌었다면, 이익 일부는 반드시 협동조합을 위해 남겨둔다. 투자자에게 이익을 배분하는 방식이 아니다. 연극 협동조합의 루치오 다멜리오 대표는 이를 "사회의 이익으로 돌아가는 것, 다음 세대에게 그 이익이 돌아가는 것"이라고 말했다.

이 극단에서 아트 디렉터를 맡고 있는 발레리아 프라베티는

바라카에서 공연한 연극의 한 장면.

이력이 독특하다. 흉부외과 의사로 일하면서 취미로 연극을 했는
데, 그의 표현을 빌리자면 "어느 날, 갑자기 연극과 사랑에 폭 빠
져" 의사를 그만두고 극단 일을 하게 되었다. 급여 차이가 있는데
전직 결정이 쉽지 않았겠다고 말하자 그는 "물론 급여가 훨씬 낮습
니다. 하지만 연극을 하는 것이 의사보다 훨씬 좋고, 내 마음이 편
합니다. 문화와 예술은 아이들의 정신세계를 열어주는 일이에요.
연극을 통해 아이들을 만날 때마다 보람과 만족감을 느낍니다."
라고 말했다. 그는 자신을 '로맨틱한 사람'이라고 말했다. 문화와 예술을 협동조합 방식으로 전파하는 사회야말로 참 '로맨틱한 사회'라고 느꼈다.

레오 가족에게 이 연극 협동조합의 공연을 본 적이 있느냐고 물었다. 레오는 두 번 연극을 보았는데 그중 〈피노키오〉를 재미나게 보았다고 했다. "〈피노키오〉의 마지막 장면이 재미있었어요. 고래가 피노키오를 먹었는데, 고래가 입을 벌리고 잤어요. 그래서 피노키오가 탈출했는데 그 장면이 너무너무 웃겼어요." 레오는 피노키오의 장면을 떠올리고는 웃으면서 말했다. 레오의 엄마는 "아이가 연극을 정말 좋아하는 것 같아요. 〈피노키오〉 연극을 보고 와서 고래, 대장장이 할아버지, 고양이, 여우 등 이러이러한 것을 보고 왔다고 자랑했어요."라고 말했다.

'문화예술은 아이들의 정신세계를 열어준다. 정신이 열려야 가슴도 열리게 된다.'라는 아트 디렉터 발레리아 프라베티의 신념을 레오 가족한테서 바로 확인했다. 협동조합의 공연을 보고서 이 가족은 즐거운 대화의 꽃을 피웠다.

소규모 협동조합도 있다, 인쇄홍보물 협동조합 키친코프

볼로냐는 '이탈리아 협동조합의 수도'와도 같다. 농산물 생산에서 유통까지 소비자의 식탁에 오르기까지 모든 과정에 협동조합의 손길이 닿는다. 조합원 숫자가 1만 명이 넘는 규모가 큰 협동조합만 있는 것도 아니다. 인쇄홍보물 협동조합 '키친코프kitchen coop' 같은 소규모 협동조합도 있다. 이 협동조합은 관공서나 사회적 기업의 인쇄물을 맡아 디자인하고 제작해준다. 여섯 명이 일하는데, 이 가운데 조합원은 네 명이다. 2005년도에 조합원 세 명이 모여 일을 시작했고, 한 사람당 3,000유로씩 출자했다. 현재는 출자금을 1만 유로로 올려놓았다. 이 조합에서는 출자금만 낸다고 조합원이 될 수 있는 것은 아니다. 친밀감과 신뢰가 쌓여야 조합원으로 가입할 수 있다.

안토넬라 드 비타Antonella de Vita 대표는 "처음에는 프리랜서로 일하다가 우연히 레가쿱에서 일하면서 협동조합의 정신에 공감하여 인쇄출판 협동조합을 만들게 되었다."라고 말했다. 그가 이해하는 '협동조합의 정신'이라는 것은 무엇일까. "연대 정신입니다. 일자리를 만들고 지켜가며, 사람들 간의 교류를 통해 민주적으로 책임과 위험을 함께 나누는 거예요." 그래서 그는 협동조합을 '사회적 운동'으로 생각하고, 동시에 '사회적 가치에 대한 믿음을 가진 기업'이라고 여긴다. 자본주의 사회에서 충분히 경쟁할 수 있는 기업으로 말이다.

이탈리아 볼로냐 시는 변변한 대기업도 없이 유럽에서도 손꼽

힐 만큼 윤택한 경제활동을 보인다. 실업률도 3퍼센트 안팎에 불과하며 2008년 경제 위기 때도 별다른 영향을 받지 않았다. 새로운 경제 모델로 볼로냐의 협동조합 경제를 주목해야 할 이유가 여기에 있다. 볼로냐 대학의 자마니 교수는 "8,000여 개 협동조합이 있기 때문에 가능한 일이었다."라며 이렇게 말했다. "협동조합은 경험을 해보면 압니다. 라자냐를 한번 먹어봐야 계속 먹게 되는 것처럼 협동조합을 알게 되면 삶의 질이 좋아집니다." 레가콥의 파올로 카타비아니 대표에게도 물었다. 협동조합에 대해 아무것도 모르는 사람에게 협동조합을 한마디로 설명한다면? "협동조합은 돈보다 사람을 더 중시하는 기업입니다." 이탈리아의 볼로냐 시에는 시민과 시민 사이에 협동조합이 있었다.

세상을 바꾼 협동조합 이야기

협동조합은 전체선이 아니라 공동선을 추구한다

"협동조합은 공동선Common Good이 목적이지만 주식회사 같은 자본주의 기업은 전체선Total Good을 추구한다."

이탈리아 볼로냐 대학의 스테파노 자마니 교수의 설명이 재미있다. 그는 공동선과 전체선의 차이를 곱셈과 덧셈으로 비유한다. 덧셈이 적용되는 전체선에서는 한두 사람의 후생이 0이 되더라도 전체의 후생을 그 이상 끌어올릴 수 있다면 선한 일이 된다. 덧셈의 결과가 양수가 되기 때문이다. 하지만 곱셈에서는 어느 한 사람이라도 0이 되어서는 안 된다. 전체 곱셈의 결과가 0이 되고 만다.

다르게 말하면, 공동선의 원리에서는 한쪽을 희생하고 다른 쪽을 더하는 트레이드오프trade-off를 인정하지 않는다. 그 희생의 결과가 아무리 전체 후생을 크게 증대한다 하더라도 그런 일은 용납되지 않는다. 이처럼 협동조합에서는 모든 사람이 인간으로서의 기본권을 누린다는, 민주적 원칙이 확고하다.

반면 전체선의 원리에서는 전체의 효용을 극대화하는 선택을 합리화한다. 각 개인이 자기 얼굴과 개성이 없는 존재여서, 주식회사에서는 몇 사람이 중대한 차별을 받거나 희생되더라도 회사 전체의 실적이 올라간다면 선 또는 필요악으로 치부하고 넘어갈 것이다.

자마니는 공동선의 논리가 산업혁명 이전까지는 지배적이었다고 강조한다. 자본주의가 세상을 지배한 뒤로 공동선의 논리가 전체선의 논리, 즉 '이윤 동기'로 확실하게 대체됐다는 것이다. 최근의 경영학에서는 이윤 동기에만 매이지 않고 공동선의 가치를 창출해내는 것도 기업가 정신 entreneurship의 범주에 포함시킨다.

세상에서 가장 행복한 나라

덴마크

이탈리아의 볼로냐를 둘러본 후 두 번째로 덴마크로 향했다. 덴마크도 유럽에서 대표적으로 협동조합이 발달한 나라다. 덴마크의 첫인상은 '자전거의 나라'였다. 아침저녁 출·퇴근 시간이면 도로는 온통 자전거 물결이었다. 코펜하겐 시민의 36퍼센트가 자전거로 출퇴근하는데, 자전거 전용 도로는 물론 교차로에 전용 신호도 있을 정도다. 자전거 위에 내비게이션을 달고 다니는 할아버지도 눈에 띄었다. 코펜하겐 중앙역에 주차된 자전거의 대수만 수백 대나 된다.

취재 기간에 운 좋게도 덴마크 역사상 처음 열린다는 국제대회를 구경할 수 있었다. 바로 '월드 바이시클 챔피언' 대회다. 이날 경주에서는 토니 마틴 선수와 테일러 피디 선수가 앞서거니 뒤서거니 각축전을 벌이다 결국 토니 마틴 선수가 역주에 성공해 금메달을 목에 걸었다. 짜릿한 역전승!

덴마크의 현대사도 이날 경기의 역전승과 같다. 덴마크는 유럽 북부에 있는 작은 나라다. 인구는 550만 명에 불과하고, 면적도 남한의 절반이 되지 않는다. 토질이 나쁘고, 악천후와 습한 서북풍으로 한때 '폐병의 나라', '소아마비의 나라'로 불렸을 만큼 척박한 환경을 가진 나라였다. 그러나 덴마크는 역전에 성공했다. 2010년을 기준으로 1인당 국민소득은 5만 6,000달러. 세계 최상위 생활수준을 누리고 있다. 게다가 국민의 행복지수 또한 높다. 언

코펜하겐 시내의 자전거 타는 사람들. 덴마크는 '자전거의 나라'로 유명하다.

젠가 갤럽에서 전 세계 155개국 국민을 대상으로 행복도 조사를 벌였는데, 그 조사에서 덴마크가 1위를 차지했다. 덴마크는 '세상에서 가장 행복한 나라'다. 같은 조사에서 한국은 56위를 차지했다.

덴마크에서 만난 사람들에게 "덴마크인은 왜 행복도가 높으냐?"라고 물으니 그 이유로 두 가지를 들었다. 첫째는 교육과 의료, 연금 등 안정된 사회복지 때문이란다. 둘째는 믿음과 신뢰 때문이라고 했다. 친구와 가족뿐만 아니라 다른 모든 타인에 대한 믿음과 신뢰가 아주 높다고 한다. 순진하다고 생각할지 모르지만 자기들은 공동체를 믿는다고 했다. 정치인을 믿고 우체국에서 일하는 사람을 믿는다. 공기업이든 사기업이든 어떤 자리에서 어떤 역할을 하는 사람에 대한 불신이 거의 없다고 했다.

신뢰와 협동에 기반하는 협동조합이라는 기업형태는 어쩌면 그들에게 너무도 자연스러운 공동체의 산물일지도 모른다는 생각이 들었다. 덴마크 협동조합연합회의 엘사 브라네르Elsa Brander는 협동조합과 덴마크의 관계를 이렇게 설명했다. "덴마크에는 서로 돕는 전통이 예로부터 내려오고 있어요. 당신이 자신만을 위해 일하는 것이 아니라 공동체를 위해 일하는 거죠. 이것이 덴마크 복지정신의 기본이기도 하고요. 당신과 다른 사람을 위해 일하는 것. 이런 협동 정신과 덴마크는 뗄 수 없는 관계죠."

덴마크에서는 심지어 에너지 문제까지도 협동조합으로 풀어

간다는 흥미로운 이야기를 듣고 풍력 협동조합을 찾아갔다.

풍차도 협동조합으로 돌린다, 풍력 협동조합 비도우레

덴마크의 수도 코펜하겐에는 도심을 가로지르는 아름다운 운하가 있다. 운하를 따라 배를 타고 코펜하겐 시내 구석구석을 둘러보는 것은 관광객들에게 빼놓을 수 없는 필수 코스다. 운하 여행 Canal Tour은 국립도서관, 오페라하우스 등 아름다운 건축물을 볼 수 있는 코스로 짜여있다. 운하 여행 중 가이드가 잠시 내려서 사진 찍을 시간을 주는 곳이 있는데, 바로 '인어공주 상' 앞이다. 덴마크 국민이 자랑하는 동화작가 안데르센의 작품 《인어공주》. 세계적으로 유명한 인어공주는 누구나 한 컷쯤은 담아가는 코펜하겐의 명물이다.

지느러미 다리를 옆으로 하고 앉은 인어공주를 흉내 내며 영국과 오스트리아에서 여행 온 젊은 여자들이 즐거워한다. 그 인어공주 등 뒤로 몰아치는 바람이 세차다. 귀가 먹먹할 정도로 쉭쉭거칠게 몰아치는 바람에 덴마크가 '바람의 나라'임을 실감한다. 하긴 저 멀리 해안가에 하얗게 줄지어서 돌아가는 바람개비가 다 이거친 바람 덕분이 아니던가.

인어공주 상 앞에서 기념품을 파는 아주머니께 풍력발전기에 대해 물으니 "바람은 무료 에너지잖아요? 덴마크 어디를 가든 하얀 발전기를 볼 수 있어요. 엘라 섬에 가면 엄청 많아요."라고 자랑한다. 그렇다. 덴마크는 바람의 나라, 풍력발전의 나라다. 바닷가뿐만이 아니다. 심지어 밭 한가운데에 덩그러니 발전기 한 대가 돌아가는 장면도 자주 볼 수 있다. 덴마크의 풍력발전설비회사인 베스타스Vestas는 미국의 지이GE, 독일의 지멘스Siemens 등 유수 기업들을 제치고 세계시장 1위를 지키고 있다.

1970년대만 해도 에너지의 99퍼센트를 수입했던 덴마크의 현재 에너지 자급률은 145퍼센트다. 이 놀라운 기록의 원동력은 바로 풍력발전에 있다. 덴마크는 1973년 오일쇼크를 겪으면서 석유에 의존하지 않는 성장 전략을 국가정책으로 세웠고, 원자력을 포기하는 대신 덴마크의 풍부한 바람에서 에너지원을 찾아 곳곳에 풍력발전기를 세웠다. 그 결과 덴마크는 이유EU회원국 가운데 유일한 에너지 수출국이 되었다. 2050년까지 화석연료를 전혀 사용하지 않겠다는 '화석연료 제로' 정책을 세계 최초로 발표하기도 했다.

그런데 덴마크에는 풍력발전 시설을 기업이 아닌 주민이 소유한 곳이 있다. 코펜하겐 중심가에서 30여 분 기차를 타고 교외로 나가면 비도우레Hvidovre 해안가에 높이가 150미터나 되는 커다란 풍력발전기 세 대가 돌아가고 있다. 이 중 한 개는 이 마을 주민이 주인이다. 마을 주민이 발전기의 주인이라고? 그렇다. 지역 주민이 발전기 주인이 되는 소유 구조를 주도적으로 이끈 전직 시의원 에릭 톰손Eric Tomson 씨가 들려준 이야기는 신선했다. "어쩌다 발전기가 안 돌아가는 날이면 동네 사람들이 묻습니다. 오늘은 왜 '내 풍력발전기'가 안 돌아가는 거요? 이 지역 주민과 풍력발전이 얼마나 가까운 관계를 맺고 살아가는지 보여주는 이야기지요."

에너지의 생산과 분배를 국가 차원에서 공기업이 관리하는 우리로서는 쉽게 상상이 가지 않는 이야기다. 그것이 어떻게 가능할까? 해답은 협동조합에 있었다. 풍력발전기 한 대를 소유한 비도우레 풍력 협동조합Hvidovre Wind Turbine Cooperative은 2007년에 설립되었다. 개인 또는 기업 조합원 2,200명 중에 437명이 이 지역 주민이다. 지역 주민을 중심으로 한 협동조합은 국가가 에너지 시설을 지을 때 맞닥뜨리는 님비 현상도 뛰어넘게 해주었다.

님비Not in my backyard. 마을에 대규모 발전소가 들어선다는 소문이 들리면, 온 동네 사람들이 똘똘 뭉쳐 머리띠 두르고 데모하는 뉴스는 우리에게 낯설지 않은 모습이다. 덴마크에도 님비 현상이 있는 건 마찬가지다. 덴마크의 풍력발전기는 대개 바다 한가운데 있다. 관리와 비용상의 어려움이 있는데도 풍력발전 단지를 바다 한가운데 짓는 이유 중 하나가 바로 발전기 소음 때문에 벌어지는 님비 현상 때문이다.

덴마크 국영 에너지 회사인 동Dong이 '하얀 교회가 내려다보이는 마을'이라는 뜻의 비도우레 시에 풍력발전기를 세우려 할 때도 처음에는 주민의 거센 반발에 부딪혔다. 소음 때문이다. 이런 반발에 중재자로 나서 해결한 것이 지역 주민을 중심으로 이루어진 협동조합이다. 비도우레 풍력 협동조합의 이사 에릭 크리스티안손 Eric Christianson 씨가 들려준 이야기다.

"국영기업이 발전 시설을 세울 때면 항상 주민 반발에 부딪힙니다. '주민 의사를 무시하고 또 일방적으로 밀어붙이는군! 세금 낼 것 다 냈는데 우리 동네에 시끄러운 풍력발전기를 세운단 말이야? 내 앞마당에 시끄러운 발전기는 안 돼!' 전형적인 님비 현상이죠. 그렇지만 우린 협동조합이 나서서 시민을 설득하는 공청회를 했어요. 그 결과 주민이 풍력발전기를 내 집 앞마당에 스스로, 자발적으로 불러들이게 됐지요. 지금은 주민이 아주 좋아합니다. 환경에 기여하면서 돈도 벌 수 있으니까요."

비도우레에 세워진 발전기는 이 지역 5,000여 가구에 전기를 공급한다. 처음에는 에릭 톰손 씨와 에릭 크리스티안손 씨를 포함한 단 네 명이 각자 50크로나, 모두 200크로나를 출자한 작은 조합에 불과했지만, 지금은 조합원 2,268명에 자본금 540만 3,000크로나로 크게 늘었다. 어떤 사람들이, 왜 이들의 뜻에 동참했을까?

"조합원은 그냥 뭐 평범한 시민입니다. 헨슨 씨는 노인 아파트에 사는 조합원인데요, 이분은 자기 손자들이 나중에 기후변화 때문에 재난을 겪지 않길 바라는 마음에서 청정에너지인 풍력발전에 투자하게 됐어요. 게다가 여기서 나는 수익이 연 이자율 11퍼센트에 달할 정도니 어디서 그런 높은 수익을 올릴 수 있겠어요? 아무 데도 없지요. 투자로서도 아주 훌륭한 사업입니다."

조합원인 주민은 환경보호에 기여하면서 돈도 벌 수 있으니 좋고, 또 국가 입장에서는 별다른 반발 없이 발전 시설을 주민이 자발적으로 유치하니까 좋다. 이 풍력 협동조합은 협동조합이 공동체의 이익을 위해 국가와 시민이 긴밀하게 협조할 수 있는 좋은 기업 방식이라는 것을 잘 보여준다.

비도우레 풍력 협동조합의 이사 에릭 크리스티안손 씨는 미델그룬덴Middelgrunden 풍력 협동조합의 이사이기도 하다. 1997년에 설립된 이 협동조합은 바다 한가운데 10기의 풍력발전기를 소유하고 있다. 환경에 관심을 둔 코펜하겐 시민 8,600명이 이 미델그룬덴 협동조합의 소유주다. 투자자가 시민이니 여기서 발생하는 이익은 특정 기업의 주주가 가져가는 것이 아니라 코펜하겐 시민에게 되돌아가는 것이다.

우리 사회에서는 사업은 자본가나 기업가가 하는 것이라는 인식이 강하다. 협동조합을 구성해 사업을 해보자는 덴마크 사람들

코펜하겐 앞 바다에 미델그룬덴의 풍력발전기가 늘어서 있다.

의 이런 사고는 어떻게 가능한 것일까? 에릭 크리스티안손 씨는 이렇게 답했다. "덴마크는 18세기 농부들의 협동조합에서 시작해서 아주 오랜 협동조합의 전통이 있어요. 덴마크 사람들의 머릿속엔 협동조합이 배어있다고 봐야죠. 그래서 덴마크엔 이런 농담이 있습니다. '덴마크에서 교외로 나가는 기차를 탄 두 사람이 옆자리에 앉아서 이야기하다 보면 서로 헤어질 때쯤에는 협동조합 하나를 만든다'는 말이에요. 그게 바로 덴마크 사람들의 정신입니다." 덴마크인의 핏속에 흐르는 협동조합 정신과 협동조합 경영 방식은 주민 스스로 변화를 만들어낼 수 있다는 자신감으로까지 이어진다고 에릭 톰손 씨는 말한다. "당신이 사는 지역에서 어떤 프로젝트를 하면 그 결과를 직접 눈으로 보게 되죠. 그럼 사람들이 스스로 깨닫게 됩니다. '아 우리가 기후변화를 멈추기 위해서 뭔가를 해낼 수 있구나.' 사기업이나 국영기업 말고 지역 주민 스스로 협동조합을 통해 변화를 만들어낼 수 있다는 걸 몸소 느끼게 되는 거죠."

덴마크 에너지 사업의 '협동조합 소유 방식'은 유럽에서도 아주 성공적인 모델로 평가된다. 협동조합 방식은 특히 국가 공공정책 시행 시 톱-다운Top-Down 방식이 아닌 주민이 참여하는 보텀-업Bottom-Up 방식으로 이루어지기 때문에 정책의 계획 단계서부터 주민의 의사를 수렴하고 반영할 수 있다는 점에서 높은 평가를 받는다. 에너지 사업을 협동조합으로 할 때의 장점을 에릭 크리스티안손 씨는 이렇게 정리했다. "이런 일을 협동조합으로 하면 다양한 사람들이 동일한 목표를 갖고 일하기 때문에 정말 열심히 일합니다. 우리 동네에 신재생 에너지 사업을 한다는 책임 의식과 참여 의식을 가지고 말입니다. 그게 바로 협동조합의 장점입니다. 주민에게 내가 이 지역사회를 위해서 뭔가를 해야 한다는 책임감과 함께 열정을 심어주는 것이지요. 협동조합을 하면 수동적인 시민이 아니라 능동적이고 적극적인 주민으로 변하는 거죠."

끝으로 에릭 톰손 씨는 소설 삼총사에 나오는 말로 협동조합의 핵심 정신을 명쾌하게 설명해주었다. "삼총사에 나오는 말 아시죠? 하나는 모두를 위해! 모두는 하나를 위해! one for all, all for one 그게 바로 협동조합의 정신이라고 생각합니다. 경제조직으로서 협동조합을 말한다면 내 모든 경제행위에 대한 책임감이죠. 사고, 팔고, 소비할 때 말이죠."

지속 가능한 은행을 지향하는 협동조합 은행 메르쿠르

프리랜서 기술 컨설턴트로 활동하는 스테판 나에프Stefan Naef 씨에게 협동조합은 '익숙한 풍경'이다. 그는 주택 협동조합이 지은 주택에서 살고 있었다.(통상 주택 협동조합은 조합원이 출자금을 모으고, 그 출자금을 바탕으로 정부 지원을 받아 주택을 지은 뒤 이를 공동 소유로 관리·

운영한다.) 또 그는 코펜하겐에서 3.5킬로미터가량 떨어진 미델그룬
덴 연안 풍력전력 협동조합의 이사회 멤버로 참여하고 있다.(이 협
동조합의 이사회는 일곱 명으로 구성되는데 모두 보수를 받지 않는다. 자원봉
사 성격이 강하다.) 그의 말을 따르면, 미델그룬덴 풍력전력 협동조합
은 1997년에 설립되었다. 환경 문제에 관심이 많던 코펜하겐 시민
이 주축이 되었다. 2000년에는 지역의 전력 회사와 협동조합이 함
께 풍력발전 단지를 만들었다. 해안가에 풍력발전기 스무 개를 설
치했다. 대략 40메가와트MW의 전력을 생산할 수 있는데, 이는 코
펜하겐 사용 전력의 약 4퍼센트를 차지한다. 코펜하겐 시민 8,600
여 명이 이 협동조합에 참여하고 있다. 이 협동조합은 1년에 한 번
조합원에게 풍력발전기 내부를 공개한다. 그는 "조합원의 출자금
이 어떻게 쓰이는지 보여줍니다. 오픈하우스 행사는 우리가 쓰는
에너지가 어디에서 오는지, 에너지에 대해 고민하는 계기가 됩니
다."라고 말했다.

나에프 씨는 은행도 협동조합 은행을 이용한다. 그와 함께,
그가 거래한다는 협동조합 은행 메르쿠르를 찾았다. 1982년에 설
립된 메르쿠르는 네덜란드에 네 군데 지점을 둔 작은 은행이다. 고
객이 1만 7,000명가량 된다고 한다. 이 은행은 친환경 농업, 대안
학교, 지속 가능한 에너지 프로젝트 등 더 나은 사회를 위한 프로

젝트에 투자한다. 협동조합, 사회단체NGO, 비영리단체 등과 거래를 많이 한다. 이 은행은 2010년에는 13.7퍼센트 성장했는데, 특히 예금이 18.5퍼센트 증가했다. 2010년 총자산이 17억 크로네(약 3,300억 원)였고, 예금은 13억 8,000만 크로네(약 2,687억 원) 정도다.

나에프씨와 함께 사무실에 들어서는 순간, 우리나라의 은행과는 사뭇 다른 느낌을 받았다. 일단 은행 곳곳에 친환경 농업과 관련한 사진이 걸려있었다. 회의실에는 파푸아뉴기니 어린이의 사진이 걸려있었다. 은행 자문역인 메테 튀센 씨는 "우리 은행의 고객은 주로 협동조합 비즈니스를 하거나 사회에 기여하는 사업을 하는 이들입니다. 저 사진에 나오는 파푸아뉴기니 아이들을 돕는 시민 단체가 우리 고객 가운데 한 곳이에요. 우리 고객들이 무슨 일을 하는지, 다른 고객에게 알리고 보여주는 게 중요합니다."라고 말했다.

튀센 씨는 '투명성'을 강조했다. 은행이 어떤 이들에게 돈을 빌려주었는지 대출 내용을 홈페이지에 상세하게 공개한다. 2010년 주요 대출 내역은 이렇다. 대안학교 등 유치원에 대한 대출이 전체 대출액 가운데 12.5퍼센트를 차지한다. 사회적 프로젝트가 10.8퍼센트, 주택 등 개인 대출이 34.2퍼센트, 유기농업이 8.1퍼센트를 차지한다. 그녀는 은행 업무의 기준이 '가치와 윤리'라고 말

메르쿠르 은행의 메테 튀센 씨, 벽에 은행 고객이 지원하는 파퓨아뉴기니 어린이 사진이 붙어있다.

했다. 환경에 영향을 미치는 화학 산업 등에는 투자하지 않는 식이다. 대출을 원하는 기업이 오면, 그 기업의 윤리를 중요하게 평가한다. 그리고 매년 대출한 내역과 이유를 보고서에 적시한다. 사회적 프로젝트 대출에 관한 대목은 이렇다.

"메르쿠르 은행은 이 사회의 구성원이 평등하게 대접받기를 원한다. 취약 계층, 장애인, 가난한 아동 등은 그들에게 필요한 교육·주택·일자리를 얻을 수 있어야 한다. 우리는 이들을 위한 사회·교육 기관과 일자리에 투자한다."

고객은 이런 대출 내용을 보고, 자신이 예금한 금액을 특정한 관심 분야에 투자해달라고 요청할 수 있고, 은행은 이를 존중한다. 튀센 씨는 "우리 은행의 돈이 대부분 사회에 기여하는 프로젝트에 쓰인다는 것을 알기에 돈을 믿고 맡깁니다."라고 말했다. 때로 메르쿠르 은행은 고객과 고객을 연결해주기도 한다. 예를 들어 지속 가능한 에너지 산업에 관심을 둔 예금 고객이 있다면, 풍력에너지를 가정으로 공급하는 부품을 만드는 다른 고객과 연결해주는 식이다.

메르쿠르 은행은 예금과 대출 업무만 한다. 예금 이자는 대략 2퍼센트 정도다. 주로 예금·대출 마진에서 수익을 올린다. 튀센 씨는 이를 두고 '투기가 아닌, 리얼 비즈니스'라고 표현했다. 위험성이 큰 투자를 하지 않아 일반 은행보다 안정적이었고, 2008년 금융 위기 때도 별다른 어려움을 겪지 않았다고 한다. 튀센 씨는 "금융 위기 때 규모가 꽤 큰 은행들이 도산 위기에 처했는데, 다른 은행들이 지원해주었습니다. 우리도 그때 위험에 처한 다른 은행을 지원하느라 힘들었습니다(웃음)."라고 말했다.

대학에서 사회과학을 전공한 튀센 씨는 이 은행에서 9년을 일했다. 월급은 다른 은행과 비슷한 수준이다. 튀센 씨는 메르쿠르 은행에 들어오고 싶어 하는 이들이 많다고 했다. 인기 직장이라고.

직원 가운데는 다른 은행에서 이직해온 이가 꽤 있다. 직원의 근속 연수도 긴 편이다. 그녀는 "다른 은행과 달리 일하는 문화가 자유롭습니다. 기업 문화가 다르지요. 다른 은행은 상사가 지시하는 대로 일하지만, 우리는 고객의 가치를 위해 일합니다. 그 가치가 내 급여의 일부라고 생각합니다."라고 말했다.

튀센 씨의 말은 다른 협동조합 관계자의 말을 연상케 했다. 덴마크 협동조합협의회의 엘사 브라네르 대표는 "덴마크에서는 서로 돕는 전통이 예로부터 내려옵니다."라고 말했다. 자신만을 위해서가 아니라 공동체를 위해 일하는 것. 이것이 덴마크의 기본 정신이라고 했다. 그러면서 이렇게 덧붙였다. "협동조합에서 일하면 절대 백만장자가 될 수 없습니다. 협동조합은 여럿이 함께 소유하고 있으니까 이윤이 한 사람에게 돌아가지 않거든요. 만약에 내가 백만장자가 되고 싶었다면 협동조합에서 일하지 않았을 거예요." 이 말에서 덴마크 사람들이 협동조합을 대하는 태도를 느낄 수 있었다.

이런 말을 들었다고 협동조합이 이윤 자체를 무시하거나 경쟁력이 없다고 오해해서는 안 된다. 협동조합이 큰 기업으로 성장한 사례도 꽤 있다. 덴마크에도 세계적으로 유명한 협동조합 기업이 있다. 바로 대니쉬 크라운과 알라푸즈Arla Foods다.

글로벌 축산 협동조합 기업 대니쉬 크라운

취재진이 방문한 대니쉬 크라운Danish Crown의 호르센스Horsens 도축장. 부위별로 고기를 자르고 분류하는 도축공의 손길이 분주했다. 견학을 도운 울릭 크리스텐센Ulrik Kristensen 씨는 나라마다 좋아하는 돼지 부위가 다르다며 흥미로운 설명을 덧붙인다. "오늘은 머리 부위 전체가 중국으로 갑니다. 목 위의 뼈들은 한국으로 가고, 삼겹살도 한국으로 가요. 햄은 영국, 이탈리아, 스페인으로 가고. 베이컨도 있습니다. 이건 영국에서 진짜 유명한 베이컨입니다. 우리 덴마크 사람들은 삼겹살을 좋아하는데, 삼겹살로 만든 베이컨을 바삭바삭하게 구워 먹는 걸 좋아합니다. 다양한 종류의 미트볼도 만드는데, 아주 질이 좋아요."

대니쉬 크라운의 연간 매출은 우리나라 돈으로 9조 원, 작은 나라라서 돈육 생산량은 세계 11위에 그치지만, 돈육 수출은 세계 1위다. 매출의 90퍼센트 이상이 139개 나라에 수출하는 데서 발생한다. 우리나라도 여기에서 돈육 제품을 많이 수입한다. 대니쉬 크라운의 칼 크리스티안 몰레Karl Christian Moller 수석 애널리스트는 "제일 수출을 많이 하는 지역은 영국, 독일, 일본, 중국, 러시아, 호주입니다. 그다음엔 미국, 스웨덴 순입니다. 그다음이 한국이니까, 한국엔 아홉 번째로 수출을 많이 합니다."라고 말했다.

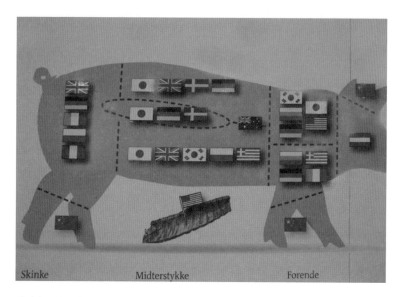

대니쉬 크라운의 제품 수출 지도. 나라마다 좋아하는 돼지고기 부위가 다르다.

1882년 설립돼 100년이 넘는 전통과 돈육 제품 부문에서 세계 1위를 자랑하는 대니쉬 크라운의 주인은 누구일까? 주인은 바로 1만 3,000 조합원 양돈 농가다. 농민은 납품하는 돼지 양에 따라서 이윤을 배분받는다. 대니쉬 크라운이 다른 사기업과 다른 점은 농민을 위한 조합으로서 기업을 운영하고, 양돈 농가에 최대의 이익을 돌려주는 것을 목표로 한다는 점이다. 수석 애널리스트인 칼 크리스티안 몰레 씨는 "대니쉬 크라운은 협동조합 기업입니다. 가축의 사육과 생산은 농가가 담당하고 가공, 유통, 수출 과정은 전문 경영조직이 담당합니다. 민간 기업과 다른 점이라면 소유주가 출자 조합원인 농민으로 회사가 새로운 안건을 세우고 결정할 때 직접 참여한다는 점입니다."라고 사기업과의 차이점을 설명했다.

농민 조합원도 같은 생각일까? 혹시 불만은 없을까? 조합원의 이야기를 듣기 위해 양돈 농가를 찾아갔다. 34년째 돼지를 키우는 알프레드 올손Alfred Olson 씨. 젊은 시절 그는 뉴질랜드에서 양치기를 하며 축산을 배웠다. 덴마크에 돌아와 2,000마리로 양돈을 시작하여 지금은 1만 7,000마리의 돼지를 키우며 매주 400마리씩 출하하는 대농이 되었다. 올손 씨는 대니쉬 크라운의 민주적 의사 결정 과정이 자랑할 만하다고 했다. "민주적인 투표로 선출된 농민이사회가 있습니다. 회의에 참석하면 농부들이 원하는 걸 이야기할 수 있고, 민주적인 방식으로 결정이 이루어집니다. 조합원인 축산 농가도 의사 결정 과정에 열심히 참여해야 합니다. 그렇지 않으면 경영진과의 대화 통로를 잃게 되거든요. 이건 협동조합 운영에 아주 중요한 이야깁니다."라고 말했다.

대니쉬 크라운의 수석 애널리스트 칼 크리스티안 몰레 씨의 설명으로는 열다섯 개 지역구에서 선출된 농민대표가 198명이 있는데, 그들이 자신을 대표할 이사 열두 명을 선출한다고 한다. 열두 명의 이사 중 육돈계가 아홉 명, 육유계 한 명이다. 나머지 두 명은 외부에서 영입한 전문 경영인이다. 대니쉬 크라운은 유통과 판매에 해박한 전문 지식을 갖춘 경영인을 이사에 포함함으로써, 농민 조합원의 의사를 반영하면서도 세계시장에서 경쟁력을 가진 협동조합으로 성장할 수 있게 된 것이다.

대니쉬 크라운은 엄격한 품질관리와 검역으로 유명하다. 그래서 위생관리와 검역 부실로 생기는 구제역 파동 등의 문제가 거의 없었다고 한다. 축사 취재 요청 시 허락 조건에는 덴마크에 들어온 지 24시간이 지나야 한다는 것이 있었다. 견학할 때도 온몸을 감싸는 방역 옷과 신발을 신고 소독한 다음에 축사에 들어갈 수 있었다.

알프레드 올손 씨가 일일이 축사를 보여주며 설명해준 운영관리 규정은 아주 세세하고 까다로웠다. 1제곱미터㎡당 몇 마리 이상 사육은 안 된다는 규정이 있다. 돼지 사육장에는 '돼지 장난감'을 두도록 했다. 돼지가 나무 조각을 갖고 놀면서 스트레스를 줄이도록 하기 위해서다. 또 방마다 물그릇을 두 개 이상 두도록 했고, 비상사태를 대비해 경보 장치를 설치하도록 했다. 가령 축사가 너무 덥거나 추우면 비상벨이 울린다. 조명까지도 세세하게 규정한다. 하루에 의무적으로 전등을 켜놓는 시간이 여덟 시간에서 열두 시간으로 정해져 있다. 밝기도 신문을 읽을 수 있을 정도는 되어야 한다. 규정의 구체성과 세심함에 절로 감탄이 나온다.

알프레드 올손 씨의 축산 농가. 위생관리가 철저하고 운영관리 규정이 세세하고 까다롭다.

대니쉬 크라운은 정기적으로 축산 농가가 규정을 잘 지키는지 직접 나와서 감독한다. 올손 씨의 축사는 5주에 한 번씩 수의사가 와서 돼지의 건강 상태를 점검한다. 돼지의 예방접종 여부와 건강 상태는 꼼꼼히 기록해서 보관한다며 올손 씨는 5년도 넘은 색 바랜 '돼지 건강기록부'를 보여주었다.

도축장의 규모와 시설도 대단했다. 2011년 3월 호르센스에 세워진 대니쉬 크라운의 도축장은 세계에서 가장 엄격한 환경 기준과 최첨단 시설을 자랑한다. 도축장 규모만 8만 2,000여 제곱미터. 이곳에서 일하는 노동자만 1,200여 명에 이르고, 하루 평균 도축되는 돼지가 2만여 마리나 된다. 호르센스 도축장의 울릭 크리스텐센 씨는 "농가에서 실려 온 돼지는 열다섯 마리씩 칸막이에 넣습니다. 경사로를 따라 올라가는 쪽 빛이 더 밝지요? 그 이유는 돼지가 높은 곳으로 올라가는 것, 함께 모이는 것, 밝은 빛을 좋아하기 때문이에요. 이렇게 해놓으면 돼지가 스트레스 없이 스스로 움직이게 만들어서 고기의 품질을 높일 수 있거든요. 또 돼지한테도 좋고요."라면서 도살의 순간까지도 동물 복지를 고려하는 호르센스의 도축 시스템을 자랑했다.

돼지가 도축장에 도착한 뒤 부위별로 포장돼 나가는 데까지 걸리는 시간은 세 시간 정도. 도축된 후 24시간 안에 전 세계로 수

대니쉬 크라운의 호르센스 도축장. 대니쉬 크라운의 도축장은 세계에서 가장 엄격한 환경 기준과 최첨단 시설을 자랑한다.

출된다. 덴마크 총수출의 5퍼센트를 차지하는 돈육 수출에 가장 중요한 시스템 중 하나는 원산지 추적 시스템이다. 수입국들이 가장 민감한 것이 바로 식품 안전에 대한 신뢰이기 때문이다. 대니쉬 크라운은 농장마다 고유 번호를 부여하고, 돼지 등에 고유 번호를 찍는다. 직원들이 이 농장 번호와 돼지의 번호를 컴퓨터에 입력해 돼지의 품질과 생산 과정을 관리한다. 그렇게 해서 생산지에서 수출지까지 모두 추적할 수 있도록 했다. 도축 과정에서 위생과 품질의 관리도 엄격하다. 돼지 절단에 한번 사용한 칼은 바로 뜨거운

물에 넣어 살균·소독한다. 배 속의 장기와 내장을 일일이 육안으로 검사해서 합격, 불합격 여부를 판정한다.

또한, 도축의 전 과정은 폐쇄회로 텔레비전CCTV으로 기록해서 위생관리와 동물 복지 기준을 엄격하게 적용하는 수입자가 요구하면 언제든지 공개한다. 도축 작업장 위생도 철저하게 관리한다. 스물세 명의 도살장 위생관리 직원이 세척과 살균을 관리하는데, 거기에 더해 정부에서 파견한 직원이 위생관리 상태를 감시·감독한다.

이렇듯 철저한 관리 시스템이 덴마크 수출 경제의 기관차 역할을 하는 대니쉬 크라운의 경쟁력이다. 칼 크리스티안 몰레 씨는 "국가 간 경쟁과 미국 저가 농산물이 유럽 시장을 위협하는 건 틀림없습니다. 더군다나 대니쉬 크라운 제품은 미국이나 다른 나라보다 가격이 비쌉니다. 하지만 똑같은 품질의 고기가 아닙니다. 우린 높은 품질로 경쟁하고 있습니다. 동물 복지와 철저한 위생관리, 그리고 연구·개발에 지속적으로 투자하기 때문에 대니쉬 크라운을 쓰러트리기는 좀 어려울 거예요. 우리는 모래성이 아니고 탄탄하게 쌓아올린 성이니까요."라고 말했다. 그러면서 한마디를 덧붙였다. "덴마크의 축산 농가들이 협동조합을 만들지 않았다면 무질서하고 황폐한 경쟁 속에서 농민들이 헤맸을 것입니다."라고 말이다.

위) 알라푸즈 본사.
아래) 알라푸즈 본사 내부 전경.

국경을 넘는 협동조합의 연대, 유가공 협동조합 기업 알라푸즈

덴마크에는 대니쉬 크라운 말고도 협동조합이 세계적 기업이 될 수 있다는 것을 보여준 또 다른 기업이 있다. 바로 유가공 협동조합 기업, '알라푸즈'다.

덴마크뿐만 아니라 유럽 어디에서나 유제품 코너 앞에 가면 쉽게 만날 수 있는 것이 바로 알라푸즈가 생산한 제품이다. 2011년 매출 7조 원. 세계에서 여덟 번째로 큰 유가공 업체다. 1882년에 버터를 생산하는 협동조합으로 시작해서 100년 동안 덴마크 내에 있는 낙농조합과 통합 과정을 거쳤다. 2000년에는 스웨덴의 협동조합과 합병해서 지금의 알라푸즈가 되었다. 국경을 넘어 다른 나라의 협동조합과 합병하다니 놀라웠다. 나라 간 협동조합의 합병이 어떻게 가능했을까? 알라푸즈의 재정부장 사네 빈터Sanne Vinther 씨에게 들어보았다. "우리 조합의 목적은 농민이 생산한 것을 제값 받게 해주는 것입니다. 농민의 이득을 최대로 보장하기 위해서 국경을 초월해 합병하게 된 거예요. 공동체의 협동 정신이랄까? 작은 힘을 합치면 큰 힘을 만들 수 있다는 협동 정신이 있었기에 덴마크와 스웨덴이 국경을 초월해서 합병할 수 있었다고 봅니다."라고 그녀는 말했다.

알라푸즈의 주인은 덴마크에 3,700여 농가, 스웨덴에 3,500여

농가, 독일에 600여 농가가 있다. 독일 농민이 자국이 아닌 덴마크의 협동조합에 가입한 이유가 궁금했다. 그것은 바로 납품 가격을 더 잘 받을 수 있기 때문이다. 게다가 알라푸즈는 경영 수익의 변화를 14일마다 원유 납품 가격에 바로 반영해주기 때문에 농민으로서는 그만큼 현금 유동성이 좋아져서 이익이 된다. 유럽연합이라는 열린 시장 조건에서 국제 경쟁력이 얼마나 중요한지 알 수 있는 대목이기도 했다. 현재 알라푸즈의 조합원은 영국, 핀란드까지 확산되고 있다고 한다.

알라푸즈는 8,000여 젖소 농가에서 원유를 공급받아 우유와 요구르트, 치즈와 버터 등을 생산한다. 중간 유통 단계를 거치지 않고 생산자의 원유를 바로 받아 이를 소비자에게 공급한다. 축산농인 옌스 피스케르Jens Fisker 씨는 "협동조합이 없다면 결국 농민이 희생당합니다. 사기업과 거래하면 납품 가격의 등락이 심하니까요. 또 유통업자가 중간에서 이득을 차지해서 농민도, 소비자도 농락당합니다. 협동조합 알라푸즈는 '농민이 만든, 농민을 위한 기관'이니까 가격 안정과 농가 수입 증대를 가장 중요하게 생각합니다."라고 말했다.

옌스 피스케르 씨는 올해 예순여섯 살로 그야말로 협동조합의 산증인이라고 할 수 있다. 그가 청년 시절만 해도 덴마크에는 1,400여 개의 낙농 조합이 분산돼 있었다. 각 조합은 단합하지 않고 서로 가격경쟁을 하고 헐뜯기에 바빴다고 한다. 이래서는 안 되겠다는 문제의식이 강해졌고, 1960년대에 알라푸즈의 전신 엠디푸드MD Food를 만들게 되었다. 여러 협동조합을 하나로 합하면서 경쟁력이 향상됐고, 옌스 피스케르 씨도 자리를 잡았다.

피스케르 씨의 농장은 '오르후스Aarhus'의 작은 시골 마을에서 한참 들어간 곳에 있었다. 그는 소작농의 아들로 태어나 닭, 돼지, 산양을 몇 마리 키우는 부모 밑에서 어렵게 자랐다고 한다. 그런데 협동조합 알라푸즈와 함께 성장해 이제는 어느덧 '부농' 소리를 듣게 되었다. 서른세 살의 둘째 아들과 함께 400마리의 젖소를 키우는 대농 옌스 피스케르 씨는 지난 27년 동안 협동조합의 지역 대표로서도 열심히 일해왔다. 그는 "저는 작은 힘이 모여서 큰 힘이 되는 것을 평생 봐왔고, 그래서 협동이 제 생활의 철학이 됐습니다."라고 말했다. 2011년에 한국에서는 우윳값 인상과 관련해서 목장주와 유제품 생산 회사, 소비자 간에 갈등이 있었다고 하자, 한국에서 부르면 언제든지 가서 협동조합에 관해 이야기하고 싶다고 했다. 자기는 비록 오르후스 북쪽의 한 시골 마을에 사는 보잘것없는 농부지만, 협동만이 살길이라는 것을 평생 봐온 산 증인이기 때문에 그의 이야기가 설득력 있을 거라며 웃었다.

농부 특유의 순박한 웃음 속에 선한 마음이 묻어나오는 두 부

옌스 피스케르 씨의 농장. 옌스 피스케르 씨는 둘째 아들 마틴 피스케르과 함께 농장을 관리한다.

자를 따라서 농장 구석구석을 돌아보았다. 축사의 청소와 관리는 대부분 컴퓨터와 기계가 한다. 축사 한 편에 재밌게 생긴 기계가 돌아가고 있어서 물으니 소가 등이 가려워 갖다 대면 알아서 등을 긁어주는 '행복한 소Happy Cow'란다. 그 이름에서 젖소를 대하는 그들의 마음이 엿보였다.

하루에 몇 번 우유를 짜느냐고 물으니 예상 밖의 답이 돌아온다. 젖소들이 젖을 짤 때가 되면 스스로 알아서 컴퓨터 안에 들어가고 컴퓨터가 알아서 짠단다. 아니나 다를까 잠시 이야기를 나누는 사이 젖소 한 마리가 컴퓨터 안에 들어온다. 컴퓨터 센서가 인식하고 먼저 젖꼭지에 물을 뿌려 깨끗이 씻긴다. 그러고는 젖꼭지마다 착유기를 물려서 우유를 짜기 시작한다. 옌스 피스케르 씨의 아들 마틴의 설명으로는 각 젖꼭지에서 나오는 우유의 양과 품질, 성분까지 모두 분석해서 바로 컴퓨터에 기록된다고 했다. 모든 축사가 피스케르 씨의 농장처럼 기계화되고 자동화되진 않았겠지만, 그들이 소작농에서 대농으로 성장하고 체계화된 축사 관리 시스템을 갖추기까지는 농민의 이익과 성장을 돕고 축사 운영과 품질의 관리를 철저히 하는 협동조합의 역할이 중요하지 않았을까 하는 생각이 들었다.

알라푸즈는 이틀에 한 번씩 옌스 피스케르 씨의 농장에 집유하러 온다. 엄격한 성분 검사를 통과한 원유는 알라푸즈의 가공

공장에서 유가공품으로 만들어져 덴마크 각 지역으로 배송되고, 유럽 각국으로 수출된다.

유럽 어디에서나 큰 신뢰를 받는 세계 8위의 유가공 협동조합 알라푸즈. 정부의 지원 없이 농민의 자구책으로 만들어진 이 협동조합이 어떻게 이렇게 성장할 수 있었을까? 덴마크 농민의 이러한 성취는 어떤 소수에 의해서 단기간에 얻어진 성과가 아니다. 옌스 피스케르 씨 같이 협동의 중요성을 깨닫고 공동의 이득을 위해서 정책 결정 과정에 적극 참여한 8,000여 농가의 성취다. 그들은 누군가 자신들을 위해 뭔가 해주기를 기다리지 않고 스스로 자구책을 강구해 시스템을 만들었다. 알라푸즈의 재정부장 사네 빈터의 설명에 따르면 축산 농가는 마흔아홉 개의 권역으로 구분해서 145명의 농민대표를 두고, 이들이 정책 결정에 참여한다고 한다. 전문경영 대표 열 명과 농민 대표 145명이 함께 주주총회를 열어서 우유 가격, 회사의 인수 합병 등의 회사 중요 정책을 논의하고 결정한다. 주주총회 등 조합원의 권리 행사에서 일반 주식회사와 협동조합의 가장 큰 차이점은 출자금 규모에 상관없이 누구나 1인1표를 행사한다는 점이다. 옌스 피스케르 씨는 8,000만 원을 출자한 대농이지만 600만 원을 출자한 다른 소농과 똑같이 한 표를 행사한다.

협동조합 전문가인 영국 스터링대학의 존스턴 버챌Johnston

Birchall 교수는 알라푸즈를 대표적인 협동조합의 성공 사례로 들면서 그들의 성공을 이렇게 설명했다. "덴마크 농민은 민간 기업에 낙농과 육가공품 시장을 계속 잠식당하고 있었어요. 선택은 둘 중 하나였죠. 거대 자본 기업이 요구하는 대로 받아들이던가, 아니면 자신들의 이익을 대변할 협동조합을 만들던가! 그 후 10년에 걸쳐서 결국은 협동조합이 경쟁에서 완전히 이겼습니다. 투자자 소유 기업이 완전히 사라졌어요. 그렇게 사회자본이 축적됐고, 공동체의 권리와 이익을 쟁취한 것입니다."

도시에서 양봉을 한다구요? 코펜하겐에서 만난 벌꿀 협동조합

빽빽한 회색 빌딩과 아파트 숲 속에서 혹시 벌과 마주친 적이 있는가? 생각해보면 그런 일은 거의 없다. 내가 사는 집 근처에는 큰 공원이 있다. 걸어서 한 바퀴 도는 데 족히 30분은 걸리니 꽤 큰 공원이다. 아침저녁으로 출퇴근할 때면 가끔 참새가 울기도 하고 까치가 인사하기도 한다. 그런데도 벌을 본 기억은 별로 없다. 혹시 '벌 볼 일 없는' 도심 한복판에서 양봉하는 것을 상상해본 적이 있는가?

언젠가 비비시BBC에서 제작한 다큐멘터리 〈휴먼 플래닛Human Planet〉을 본 적이 있다. '도시―인간과 자연의 미래Cities-Surviving the urban jungle' 편에서 수십 층 높이의 빌딩 꼭대기에서 양봉하는 젊은

변호사 이야기가 나왔다. 그것도 마천루 빌딩 숲 속인 뉴욕에서. 자연과 함께 숨 쉬는 걸 느낄 수 있어서 양봉한다고 했다. 신선한 충격이었다.

덴마크의 수도 코펜하겐에도 '도시 양봉'을 하는 사람들이 있다고 했다. 그것도 협동조합으로. 도시에서 양봉하는 것도 신기한데, 그것도 협동조합으로 한다니! 이건 또 어떤 협동조합일까? 기대를 가득 안고 찾아갔다. 시내 중심가에서 운하 위로 놓인 도개교를 지나 찾아간 곳은 '순홈Sundholm'이라는 지역이다. 탁 트인 교외에 벌통이 줄지어 서있고, 보호막을 쓴 사람들이 꿀을 따는 광경을 상상하며 일러준 주소로 갔다. 그런데 아무리 헤매도 찾을 수가 없었다. 눈에 띄는 것이라곤 노숙자 행색을 하고 삼삼오오 모여서 시끄럽게 떠들어 대는 사람들뿐. 택시로 몇 바퀴를 돌고도 사무실을 찾지 못하는 우리를 위해 내려온 젊은이 올리베르 막스웰Oliver Maxwell의 설명을 들으니 그제야 이해가 갔다.

코펜하겐 도심의 공장 지대인 순홈에는 시에서 운영하는 노숙자 재활센터가 있다. 알코올중독이나 마약중독으로 실직하고 거리를 떠돌다가 들어온 노숙자들의 쉼터이자 재활센터인데, 양봉 사업인 비와이비아이BYBI는 재활 프로그램의 하나로 시작된 사회적 기업이다. 시 정부는 벌통 관리와 양봉 기술 전수에 필요한 재

위) 꿀을 따는 올리베르 막스웰. 덴마크의 양봉 협동조합이 코펜하겐 시내에서 도시 양봉을 한다.
아래) 양봉장에서 양봉가들이 꿀을 따고 있다.

정을 지원해주고 여기서 생산된 벌꿀은 상업적으로 판매한다.

"저기 알록달록한 벌통에 수백 마리 벌이 들락거리는 거 보이죠? 벌이 도로변에 있는 꽃에서 꿀을 따옵니다. 코펜하겐 전체로 보면 5개 지역에 50개의 벌통이 있습니다. 도시 중심가에는 지붕에 벌통을 설치한 곳도 있는데 아주 큰 사업입니다." 막스웰의 설명에서 자부심이 느껴진다. 벌통 한 개당 연간 40킬로그램을 생산하는데, 2010년에는 서른 통에서 1,100킬로그램의 꿀을 생산했다고 한다. 많은 양은 아니지만 사회적 약자인 양봉가들과 함께 프로젝트를 더 깊이 알아가고 이어가기에는 충분한 양이라고 했다.

그런데 환경오염이 심한 도시에서 생산된 꿀은 안전하지 않다고 소비자가 의심하지 않을까 싶었다. 그는 도시에서는 농약을 치는 일이 없어서 오히려 안전하고, 벌이 꿀을 생산하는 과정에서 오염물을 깨끗이 걸러내는 능력이 있어서 전혀 걱정하지 않아도 된다고 강조했다.

양봉 사업을 통해 이들이 추구하는 목표는 노숙자들이 노동시장에서 경쟁력을 가진 양봉가가 되도록 도와주는 것이다. 이들은 노동시장에서 오랫동안 낙오된 사람들이라서 자활 능력을 키워서 노동시장으로 복귀시키는 것이 이 사회적 기업의 중요한 사명이라고 했다.

양봉 사업을 주도적으로 추진한 올리베르 막스웰은 스물아홉 살 청년이다. 그가 이 일을 시작한 계기는 간단했다. 내가 사는 도시 공동체에 도움이 되는 것. 시작은 환경에 관한 관심이었다. 2009년 코펜하겐에서 열린 유엔UN 기후협약 행사가 미흡하게 끝난 것을 보면서, 평범한 시민으로서 도시환경에 도움될 일이 뭐가 있을까 고민했고, 동시에 그 일이 사회적 약자를 위한 일이면 좋겠다고 생각했단다. 어느 날 자전거를 타고 가다 벌통을 봤는데, 시내에 벌통을 놓는 것이 재미있는 아이디어라고 생각해서 이 일을 시작했다.

"기후변화와 오염 때문에 벌이 도시에서 멸종되고 있잖아요. 벌을 도시로 다시 불러들이려면 더 많은 양봉이 필요하다고 생각했어요. 또 노숙자에게 양봉업은 정말 좋은 직업이라는 생각이 들었어요. 노숙자, 실업자, 사회부적응자 또는 이민자 등 노동시장에서 자리 잡기 어려운 사람들을 양봉가로 길러내서 노동시장에 다시 복귀시킬 수 있다면 정말 좋겠다고 생각했죠. 양봉은 학벌도 필요 없고 말을 잘할 필요도 없잖아요. 그래서 그 둘을 연결하게 된 거예요."

올해로 양봉 사업 2년 차. 막스웰의 사명감 덕분에 새로운 삶을 찾은 노숙자도 하나둘씩 늘고 있다. 숙련된 양봉가로 거듭난 중년 남성 베른 암베른Bjørn Ambjørn 씨는 BYBI가 자랑하는 모델이다. 사무실 옆 작업장에서 병에 꿀을 담는 그를 만났다. 그는 원래 잘나가는 아이티Infromation Technology 기술자였다. 15년 전에 정신 장애가 생겨 직장을 잃고 노숙자로 전락해서 재활센터로 오게 됐다고 한다. 양봉 기술자로 훈련받은 지 아홉 달째. 베른은 이젠 거의 전문가가 됐다. 벌통을 세우고 꿀을 따고 수확한 꿀을 병에 담고 라벨을 붙이고 포장하기까지 전 과정의 일을 한다. 그는 노숙자 생활에서 벗어나 할 수 있는 일이 생겼다는 게 너무 즐겁다고 했다. 그의 표현을 빌자면 '짜인 시간대로 하루를 보낼 수 있다는 것이 얼마나 행복한지' 모른다고 했다. 노숙자의 이야기를 한 번쯤 들어본 사람이라면 그의 이 행복이 얼마나 큰지 마음에 와 닿을 것이다.

올리베르 막스웰은 사회적 기업 BYBI에서 한발 더 나아가서 꿀을 가공하고 유통·판매하기 위해서 2011년에 협동조합 '코펜하겐 도시 꿀벌 협동조합Copenhagen City Hoey Cooperative'을 만들었다. 그가 이 협동조합을 만든 이유는 두 가지다. 첫째 BYBI에서 생산한 꿀을 좋은 가격에 팔아서 노숙자를 돕기 위해서다. 둘째는 BYBI에서 양성된 양봉가가 독립해서 양봉업을 할 때 판로를 확보해 주기 위해서다. 그래야만 그들이 진정으로 경제적으로 자립할 수 있기 때문이다. 양봉 협동조합은 선한 뜻을 가진 열다섯 명의 조합원으로 출발했고, 2012년 말까지 조합원을 쉰 명으로 늘리는 것이 목표라고 한다.

　인터뷰 내내 그의 사명감과 똑 부러진 말솜씨에 감탄하며 BYBI가 지역사회 공동체에 어떤 의미가 있는지 물으니 역시 열정에 가득 찬 목소리로 조금 긴 답을 해온다. "이 프로젝트는 세 가지 차원에서 유용하고 의미 있는 일입니다. 첫째는 환경적 의미죠. 환경을 생각해봤을 때 도시에는 더 많은 벌이 필요하다고 생각합니다. 벌이 더 많이 모여들 때 우리 정원에 더 맛있는 딸기와 더 통통한 사과가 열리고, 공원과 길에서도 더 많은 꽃을 볼 수 있겠죠? 둘째는 아주 현실적이고 눈에 보이는 유용한 직업 기회를 창출한다는 점이죠. 난민이나 사회적 약자, 정신이상자, 노숙자 같은 사람들이 양봉을 배워서 의미 있는 직업을 갖게 되면, 자신의 정체성도 찾을 수 있다고 생각합니다. 세 번째 의미는 우리에게 가장 중요한데요, 이 사업은 지속 가능한 경제라는 점입니다. 우린 코펜하겐 사람들이 이 꿀 한 병을 샀을 때, 단지 꿀만이 아니라 봄날이 담긴 병을 샀다는 사실을 깨닫길 원합니다. 바로 자신을 둘러싼 환경이 담긴 꿀 말이죠. 그런 이유로 우리는 사람들이 진정한 의미를 위해 투자할 수 있는, 지속 가능한 경제활동을 만들고자 하는 것입니다."

　요즘 덴마크에는 올리베르 막스웰처럼 협동조합에 관심을 두고 일하는 젊은 청년이 꽤나 많다고 한다. 협동조합을 새로운 시각으로 보고 싶어 한다고 했다. 그들은 내가 사는 도시에 어떤 일들이 일어나는지에 관심이 많고, 또 사회적인 가치를 생산하는 프로젝트에 참여하고 싶어 한다고 했다. 그런 덴마크 청년을 대표하는 막스웰에게 왜 이 일을 이렇게 열심히 하느냐고 물었다.

"환경과 경제가 위기에 봉착한 지금, 우리 경제 구조에 대해 다시 생각해봐야 할 때라고 생각해요. 저는 지금 우리 사회가 가는 방향이 지속 가능하다고 생각지 않습니다. 우리 모두가 살고 싶어 하는 열린 경제구조가 필요합니다. 그러기 위해서는 소외된 사람들을 다시 노동에 복귀시키는 사람도 필요하고, 환경을 가꾸는 사람도 필요하고, 또 사람들을 부자로 만들기보다는 행복하게 만드는 사람이 필요하지 않을까요? 우리가 하는 프로젝트가 바로 그런 일이죠."

더 나은 세상을 만들어가려는 젊은 청년의 꿈과 열정과 노력이 '사회적 기업'과 '협동조합'이라는 기업 모델을 통해서 사회적 약자인 노숙자의 삶을 바꾸는 모습. 덴마크 한 청년의 모습이 감동적이었다. '사람들을 부자로 만들기보다 행복하게 만드는 일'에 진정을 바치는 것. 협동조합이 가능하게 한 일이라는 생각이 들었다. 이 사회적 기업은 2010년 유럽 최고의 사회적 기업으로 선정되었다.

석학들이 말하는 협동조합이란?

"자본주의 기업은 임금 노동자를 고용해 시장가격으로 그 대가를 지불하고 남은 이윤을 모두 차지한다. 반면, 협동조합의 노동은 자본을 고용해 시장 가격으로 그 대가를 지불하고 남는 이윤을 모두 차지한다."

– 조지 제이콥 홀리요크(George Jacob Holyoake)

"협동조합의 속성은 자본을 없애는 데 있는 것이 아니라 자본의 진정한 기능을 노동이 이용하는 도구로 한정하고 그만큼만 대가를 취하도록 하는 것이다."

– 샤를 지드(Charles Gide)

"인류가 영속적으로 발전한다면, 결국 가장 지배적인 결사의 형태는 우두머리인 자본가와 경영이 발언권이 없는 노동자 사이에 존재하는 그런 식은 아닐 것이다. 노동자가 스스로 평등한 조건으로 (협동조합 방식의) 결사를 맺게될 것이고, 거기에서는 작업을 수행하기 위한 자본을 공유하며 자신이 선출하고 쫓아낼 수 있는 관리자 아래에서 일하게 될 것이다."

– 존 스튜어트 밀(John Stuart Mill)

"협동조합에서는 노동자가 남이 아니라 자기 자신을 위해서 일한다. 그 결과 자본주의에서 억눌렸던 근면하고 훌륭한 작업 능력이 어마어마한 힘으로 분출한다. (……) 세계사에서 가장 황폐하게 버려진 상품은 바로 대다수 노동계급이 지닌 최고 수준의 작업 능력이다."

– 알프레드 마샬(Alfred Marshall)

"협동조합은 야누스다. 시장 안에서 작동하고 그 원리를 받아들인다는 점에서, 협동조합은 경제적 차원의 기업이다. 경제 외적 목적을 추구하고 다른 주체와 전체 사회에 긍정적인 외부 효과를 낳는다는 점에서, 협동조합은 사회적 단체다. (……) 협동조합 기업의 지배 구조가 난해한 것은 이처럼 시장 코드와 사회적 코드라는 이중의 정체성을 갖기 때문이다."

– 스테파노 자마니(Stefano Zamagni)

가족농이 행복한 농업 강국
뉴질랜드

인구 400만의 뉴질랜드는 두 개의 섬으로 이루어진 작은 나라다. 〈반지의 제왕〉과 〈아바타〉의 영화 촬영지인 남섬은 산악과 빙하로 이루어진 천혜의 자연을 자랑하고, 북섬은 낙농 강국을 지탱하는 목초지가 끝없이 펼쳐진다. 뉴질랜드는 농업 개혁을 성공한 나라로도 유명하다. 뉴질랜드 농업의 성공 스토리 뒤에는 '폰테라'와 '제스프리'라는 두 협동조합 기업이 있었다.

세계 1위 유제품 수출 기업 폰테라

뉴질랜드 북섬의 한적한 농촌 마을 스프링데일Springdale. 수도 오클랜드Auckland에서 전세버스로 한 시간 30분 남짓 달리는 동안 젖소와 양 떼가 한가로이 노니는 풍경이 끝없이 펼쳐졌다. '저 푸른 초원 위에~ 그림 같은 집을 짓고~' 흥얼거림이 절로 일어났다. 스프링데일은 뉴질랜드 낙농가의 밀집 지역이다.

마을 초입에 들어서면서 목장 전경이 한눈에 잡히기 시작했다. 초지가 널찍한데도 젖소들이 목장의 한 곳에만 몰려있는 모습이 신기했다. "여기 사람들은 목장의 풀밭을 여러 칸으로 나눠 관리해요. 그중 한 곳에 젖소 무리를 몰아넣고 마음껏 풀을 뜯어 먹게 합니다. 풀이 모자란다 싶으면 옆의 칸으로 옮겨주고요. 그렇게 한 바퀴를 돌아 젖소가 처음 있던 자리로 다시 올 때쯤 되면 풀이 이미 무성하게 자라 있습니다. 젖소들이 밟아 풀 더미, 흙더미와 짓이겨져 발효된 배설물은 최고급 천연 거름 구실을 하지요. 해마다 폭등하는 사룟값 들어갈 일 없고 사람 손 갈 일도 별로 없어요. 뉴질랜드는 전 국토의 절반 이상이 이렇게 잘 발달한 목초지예요. 낙농업의 1차적인 경쟁력이 여기에서 나옵니다." 김태훈 뉴질랜드농업연구소 대표의 말이다.

한 떼의 젖소 무리가 대장 소를 선두로 길게 줄지어 느릿느릿

초지를 횡단하는 모습은 장관이었다. 하루 두 차례 우유 짤 시간에 맞춰 젖소들이 착유장(젖 짜는 곳)을 제 발로 찾아가는 것이다. 미리 준비하고 있다가 차례차례 들어오는 젖소의 젖무덤에 착유기를 채워주는 것이 목장 농부의 가장 큰일이었다. 우유를 짜고 난 다음 착유장의 바닥에 퍼질러놓은 배설물을 물청소하고 나면, 뉴질랜드 농부의 하루 일과는 끝이었다.

스프링데일에서 토박이 농부 에릭 레이Eric Ray를 만났다. 160센티미터cm가 될까 말까한 자그마한 몸집에 연신 유머를 쏟아내는 소탈하고 마음씨 좋은 시골 할아버지였다. 뉴질랜드 평균의 절반 정도인 40헥타르(40ha, 40만 제곱미터)의 작은 농장을 운영해, 아들 다섯과 외동딸을 길러냈다. 일흔을 넘긴 나이에도 다른 사람 손을 빌리지 않고 아내 발레리와 둘이서 아침저녁 80마리 젖소를 돌보고 있었다. 할아버지와 할머니는 거실의 가족사진을 가리키며 손자 손녀가 열세 명이라고 자랑했다.

"1년 365일 새벽 5시와 오후 5시면 어김없이 소젖을 짜줍니다. 착유장을 청소하고, 송아지 돌보고 농장 주변을 살피다보면 하루가 금방 지나가지요. 요즘은 아들 녀석 하나가 고향으로 돌아와 농장 일을 도와줍니다. 그 덕분에 여가 생활도 제법 즐길 수 있게 됐어요. 화요일마다 읍내에 나가서 컨트리송을 배우는 게 인생의 가장 큰 재미입니다."

레이 할아버지는 자신의 목장을 찾은 한국 손님을 위해 자작곡한 컨트리송을 흥겹게 불러주었다. 1년 뒤에 앨범을 만들겠다는 꿈을 말할 때는 어린아이처럼 얼굴을 붉히기도 했다. 삶의 안정과 평화로움이 묻어나는 전형적인 뉴질랜드 가족농의 모습이었다.

레이 할아버지의 삶을 지탱하는 낙농업은 뉴질랜드 전체 수출의 25퍼센트를 차지하는 독보적인 국가 기간산업이다. 우리로 치면, 정보통신 산업에 맞먹는 국가적 위상이다. 뉴질랜드 낙농업의 경쟁력은 어디에서 나오는가? 광활한 목초지만으로 지금의 영광을 이루어낼 수 있었을까?

"한국에 삼성전자가 있다면, 뉴질랜드에는 협동조합 기업 폰테라가 있습니다. 작은 농장을 운영하는 레이 할아버지 부부가 어떻게 평생 안정적인 생활을 꾸릴 수 있었을까요? 1970년대까지 영화를 누렸던 양 산업은 쇠퇴했는데 낙농업은 어떻게 번창할 수 있었을까요? 낙농가의 이익을 지켜주는 강력하고 효율적인 협동조합 기업 폰테라가 있었기 때문입니다. 폰테라 협동조합이 뉴질랜드 낙농업의 진정한 경쟁력의 원천이지요." 동행한 김태훈 대표가 곁들였다.

총매출 110억 달러의 폰테라는 불과 10여 년 만에 뉴질랜드의

위) 뉴질랜드 폰테라의 조합원
에릭 레이 할아버지.
옆) 에릭의 농장. 농장 어귀에 폰
테라 조합원임을 나타내는 표지
판이 세워져있다.

경제 지도를 바꿔놓았다. 폰테라 브랜드의 탄생은 2001년. 기존의 두 개 낙농 협동조합의 합병으로 세상에 얼굴을 내밀었다. 이제 폰테라는 모든 주식회사까지 통틀어 뉴질랜드의 최대 기업이고, 세계 최대의 유제품 수출업체다.

"뉴질랜드 농업은 원래 협동조합이 강했어요. 하지만 군소 협동조합이 난립하다 보니 수출 경쟁력을 키우는 데에 한계가 있었습니다. 1900년대 초반에는 낙농 협동조합만도 250개 이상이었습니다. 그것이 1950년대에 20여 개로, 1970년대에 다시 10여 개로 합병됐고, 2001년에 마지막 남은 두 개가 의기투합해 오늘의 폰테라를 이뤄냈습니다."

폰테라의 판매전략 담당 매니저인 사라 패터슨Sarah Peterson은 "낙농가 조합원이 생산한 우유의 가치를 극대화하는 것이 폰테라의 사명"이라고 단순명쾌하게 말했다. 또 '협동조합들의 협동'과 '전체 낙농가의 협동'이 오늘날 뉴질랜드 낙농업의 경쟁력을 낳았다고 자랑스러워했다. "대다수 낙농가가 폰테라 하나로 힘을 모으면서 막강한 마케팅 역량과 브랜드 파워를 갖게 됐습니다. 신제품을 개발하는 데 연 1억 달러 이상을 투자합니다. 폰테라의 자체 연구소에서 일하는 연구원만도 400명이 넘습니다." 폰테라의 가장 핵심적인 경쟁력을 하나만 꼽으라고 질문하자 1초의 망설임도 없이 "당연히 협동조합 정신"이라는 답이 돌아왔다. "조합원들이 단결하고 경영의 과실을 고루 나누는 건강한 협동조합의 가치가 오늘의 폰테라를 만들었습니다."

폰테라 무역전략부의 레베카 그랜트^{Rebecca Grant}는 지속 가능한 폰테라의 경영을 강조했다. "폰테라는 사회와 지구에 대한 책임을 일관되게 실천합니다. 수질 보호와 온실가스 감축 프로그램을 가동하고, 세계 최초로 낙농 탄소발자국 연구를 수행하고 있어요. 우리는 협동조합이잖아요."

에릭 레이 할아버지 또한 폰테라의 1세대 조합원이다. 그의 농장 어귀에는 폰테라 조합원임을 나타내는 '폰테라 76507'이라는 푸른색의 작은 표지판이 세워져 있다. 레이 할아버지의 옆집과 뒷집 농장의 들머리에도 똑같은 폰테라 로고가 있는 표지판이 매달려 있었다. 조합원 고유번호만 다를 뿐이었다. "뉴질랜드 낙농가들은 모두 폰테라의 조합원이라고 보면 됩니다. 규모의 차이는 있지만 대부분 저희 같은 가족농이예요. 젖소를 건강하게 관리하고 안전한 우유를 생산하는 게 우리의 일이고 의무지요. 그것만 잘하면 돼요. 그러면 매달 제날짜에 정해진 우유 대금이 통장으로 꼬박꼬박 들어옵니다. 농민들이 다른 것 신경 쓰지 않고 안정된 삶을 누릴 수 있도록 폰테라에서 우유 수집과 판매, 수출까지 모두 책임지거든요. 우리가 폰테라의 주인이잖아요."

폰테라는 요지부동 국내 최대 기업이라는 점에서 우리의 삼성 전자와 닮았다. 결정적인 차이점은 이건희 회장 한 사람 또는 국내외 투자자들이 아니라 1만 5,000명의 낙농가 조합원이 주인이라는 점이다. 주가를 끌어올리고 주주들의 배당 몫을 늘리는 게 아니라 뉴질랜드 시골의 평범한 가족농 조합원에게 최대한의 소득을 안겨주는 것이 협동조합 기업 폰테라의 존재 이유다.

폰테라의 출자 지분은 오로지 폰테라에 우유를 공급하는 낙농가만이 소유할 수 있다. 연말에 잉여금이 생기면 낙농가인 농민 조합원에게 일정 비율을 배당한다. 이때 배당금은 각 조합원이 폰테라에 공급한 우유 물량에 비례해 금액이 정해진다. 가장 중요한 우유 공급가격을 결정할 때도 낙농가 조합원의 뜻이 직접 반영된다.

실제로 서른다섯 개 지역의 낙농가 조합원 대표로 구성된 출자자위원회가 폰테라의 최고 의사 결정 기구 구실을 하는데, 주식회사의 주주총회에 해당하는 조직이다. 출자자위원회에서는 아홉 명의 낙농가 이사를 선출하고, 낙농가 이사들이 다시 전문 경영인 이사 네 명을 선출한다. 이렇게 낙농가와 전문 경영인으로 구성된 열세 명의 이사진이 폰테라의 경영을 이끌어간다. 낙농가의 소득을 안정적으로 보장할 수 있는 지배 구조를 확실하게 구축해놓은 것이다.

레이 할아버지는 자기 지역의 폰테라 조합원 대표자 회의에도 빠지지 않고 참석해 비판적인 목소리를 잘 낸다. "협동조합 기업이

커질수록 조합원의 적극적 참여와 건강한 감시가 더 중요해집니다. 그렇게 하지 않으면 농민 조합원이 주인이라는 사실을 망각하고 폰테라라는 기업의 자기 이익 극대화 논리에 빠질 수 있어요." 평생을 협동조합원으로 살아온 레이 할아버지의 확고한 신념이었다.

레이 할아버지와 헤어진 다음 날, 해밀턴Hamilton이라는 소도시의 뉴질랜드농민연합 사무실을 방문했다. 자신도 폰테라 조합원이라는 제임스 휴튼James Houghton 회장은 "폰테라가 있어서 우리 낙농가들이 행복하다."라고 직설적으로 표현했다.

우리 농부들한테서도 언젠가 '농협이 있어서 행복하다'는 말을 들을 수 있을까? 그런 날이 오기는 할까? 뉴질랜드의 낙농가를 취재하면서, 전남 담양의 유기농사꾼 김상식 씨한테서 들었던 말이 떠올랐다. "농촌에서 열심히 일해도 보람을 못 느낄 때가 잦아요. 농산물값을 많이 받지는 못하더라도 해마다 급등락하는 것은 막아줬으면 좋겠어요. 공산품은 정찰제라서 가격이 일정한데 농산물 가격은 천방지축으로 춤추거든요. 이래서는 살림살이를 규모 있게 해나갈 수가 없어요. 30년 농사지었는데 그게 가장 큰 불만입니다. 저는 많은 소득을 바라지 않습니다. 그저 도시 사람들이 월급 받는 것처럼 안정되게 살고 싶습니다."

우리의 많은 농부는 김씨같이 '월급쟁이'처럼 살고 싶다고 소망한다. 농협에서 예측할 수 있는 급여를 지급받고, 그 돈으로 아이들 학교 보내고, 짬날 때 판소리 한 가락 배울 수 있는 여유를 가졌으면 하는 소박한 바람이다. 우리 농협의 갈 길이 아득하고, 할 일도 참 많다.

젊은 농부의 꿈, 영파머스클럽

뉴질랜드 북섬의 소도시 해밀턴 교외의 한 젖소 농장. 여의도 크기의 광활한 초지에 얼룩소들이 한가로이 풀을 뜯는다. 오후 느지막이 젖소들이 착유장으로 길게 줄지어 들어서자, 제이슨 호일Jason Hoyle이 익숙한 손놀림으로 하나하나 착유기를 채워주었다. 호일과 오래 호흡을 맞춘 젖소들은 양순했지만, 젖을 짜는 동안에도 엄청난 양의 배설물을 쉴 새 없이 쏟아냈다. 제이슨 호일은 이 목장의 운영을 맡은 30대 초반의 젊은 농부다.

"열아홉 살 때부터 일을 시작해 11년 동안 여덟 곳의 농장을 옮겨 다녔습니다. 처음에는 자연 방목하는 농장에서 3년 일했어요. 지금의 농장은 곡물 사료를 30퍼센트 가량 섞어 먹여 고급 우유를 생산하는 농장이고요. 말하자면 고비용 고수익 경영을 하는 곳인데 농장 일을 배우는 마지막 최상위 단계라고 할 수 있지요. 제가 나이는 많지 않지만 뉴질랜드의 다양한 젖소 농장 운영은 다

세계 1위 유제품 수출 기업, 폰테라

폰테라www.fonterra.com는 뉴질랜드 전체 우유의 92퍼센트 이상을 생산해 미국, 일본, 유럽, 중국, 한국 등 140개 나라로 수출한다. 국내외 직원이 1만 6,000명을 넘는다. 네슬레와 맥도날드, 코카콜라, 도미노피자 등 세계적인 식품 기업과 우리나라의 서울우유, 매일우유 등이 폰테라의 고객이다.

뉴질랜드의 우유 생산량은 전 세계의 2.2퍼센트로 세계 8위지만, 수출 시장에서는 전 세계 수출용 유제품의 30퍼센트 이상을 과점하면서 압도적인 세계 1위 기업 자리를 지키고 있다. 폰테라 생산의 95퍼센트를 유제품으로 가공해 수출하기 때문이다.

폰테라는 최대 수출 품목인 전지분유를 비롯해 치즈와 버터, 고품질 보조 식자재원, 우유 추출 단백질(스포츠음료용), 유아식, 링거용 단백질, 유기농 제품 원료 식자재 등 다양한 제품을 공급한다. 또 호주와 뉴질랜드에서는 매인랜드Mainland, 베가Vega, 앤커Anchor, 팁탑Tip Top, 스키Ski 등의 브랜드로, 아시아와 아프리카 지역에서는 앤커, 앤렌Anlene 등으로, 남미 지역에서는 네슬레 브랜드를 활용하는 등 각 지역에 맞게 유연한 브랜드 마케팅을 펴고 있다.

폰테라는 뉴질랜드 이외에도 호주, 미국, 말레이시아, 칠레 등 세계 각 주요 지역에 현지 가공 공장을 가동하고 있다.

경험했습니다."

호일은 근처 와이카토 지역의 고등학교를 졸업한 뒤 곧바로 낙농 일로 뛰어들었다. 젖 짜는 단순 일꾼에서부터 차곡차곡 단계를 밟아 이제 제법 큰 규모인 600마리 젖소 농장을 운영하는 '도급 사장'으로 올라섰다. 우리로 치면 계약직으로 시작해, 정규직 과장과 부장을 거쳐 성과급을 받는 중소기업의 월급쟁이 사장 자리까지 올라온 것에 비유할 수 있다. 지금은 농장 전체를 관리하고 평균 9억 원에 이르는 총매출의 15퍼센트를 자신이 가져간다. 열심히 일하면 그만큼 주머니가 두둑해진다.

"폰테라에서 고형 우유(수분을 빼고 고체화된 우유) 1킬로그램에 7.5달러(뉴질랜드 달러)를 쳐주는데, 그중 제가 1.2달러를 가집니다. 그 돈을 받아 인건비와 소모품비를 지급하고 남는 게 제 수입이지요. 일꾼은 세 명을 쓰고 있어요. 아직은 제가 정한 목표 수익에 못 미치는데 더 많이 노력해야지요."

호일이 일을 마칠 때쯤 듬직한 체구의 젊은 여성이 먼지를 날리며 4륜 모터바이크를 몰고 나타났다. 초지 상태를 점검하고 돌아오는 호일의 약혼녀 하이드 애덤슨Heid Adamson이었다. 애덤슨은 호일이 고용한 세 명의 젊은 일꾼 중 한 명이다. 두 사람은 가볍게 볼 키스를 나누고 두 손을 꼭 잡았다. "내년(2012년) 11월에 결혼할 거예요. 그리고 우리의 농장을 가질 거예요. 5년 뒤쯤으로 잡고 있지요. 그동안 여러 농장에서 열심히 일하면서 충분한 경험과 신뢰를 쌓았거든요. 앞으로는 둘이서 최대한 농장 인수 자금을 모으고, 모자라는 돈은 은행에서 대출받을 생각이에요."

애덤슨은 뉴질랜드 여성 농부의 자부심을 말했다. "남자는 힘을 잘 쓰지만, 여자는 머리를 잘 씁니다. 젖소 다루는 기술도 다르지요. 농장의 효율적인 비용 관리 같은 업무는 여자가 더 낫습니다. 그래서 큰 농장으로 갈수록 여성 농부를 선호합니다."

뉴질랜드에는 호일과 애덤슨처럼 미래의 농장주를 꿈꾸는 젊은이가 많다. 물려받은 농장이나 젖소 한 마리 없어도, 보통 15년 정도 부지런히 경험을 쌓고 인심을 얻으면 자기 농장을 가질 수 있다고 한다. 선배 농장주들이 잘 이끌어주고 세상이 기회를 열어놓은 덕분이다. "아무 밑천이 없어도 단순 일꾼으로 시작해 수십 마리 젖소 관리자로, 다시 대규모 농장 관리자로 경험을 쌓을 길이 열려있습니다. 낙농가 양성 프로그램이 체계적으로 탄탄하게 짜여있고, 선배 농부들이 멘토 역할을 잘해줍니다."

호일은 선배 농장주들이 모두 협동조합원이라는 점을 강조했다. "협동조합을 중심으로 선배 조합원과 미래의 예비 조합원이 똘똘 뭉쳐있다고 생각하면 될 겁니다. 선배 농장주는 모두 협동조합 폰테라의 조합원입니다. 우리 같은 젊은이의 꿈은 내 농장을 갖

위) 뉴질랜드 젊은 농부 제이슨이 같은 농장에서 일하는 약혼녀 애덤슨과 잠시 여유를
즐기고 있다.
아래) 제이슨은 해밀턴 교외의 한 젖소 농장을 맡아 운영한다. 제이슨은 5년 뒤에 자기
목장을 가질 계획이다.

는 것, 곧 장차 폰테라 조합원이 되는 거지요. 선배 조합원 입장에서도 협동조합을 이끌어나갈 후배가 계속 생겨나야 뉴질랜드 농업과 협동조합의 미래를 안심하고 맡길 수 있습니다."

호일의 협동조합 찬양은 끝없이 이어졌다. "무리해서 큰 빚만 지지 않는다면 농장을 인수하고 난 뒤의 미래를 걱정하지 않아도 돼요. 조합원이 공급하는 우윳값을 안정적으로 높게 쳐주는 협동조합 폰테라가 있거든요"

호일의 삶과 꿈은 '영파머스클럽Young Farmers Club'의 활동을 떼놓고 이야기할 수가 없다. "고등학교 때 클럽에 처음 가입하던 순간을 잊지 못해요. 시골에서만 살다가, 야! 이런 세상도 있구나, 크게 눈을 뜨는 느낌이었죠. 제 농장을 갖겠다는 꿈을 키우게 된 것도 클럽의 사람들과 만나면서였죠. 농장 운영 지식을 참 많이 배우고 좋은 사람도 많이 만났습니다. 그중에서도 가장 뿌듯한 것은 리더십을 배울 수 있었다는 거예요. 여러 사람이 모인 자리에서 발표하면서 나도 사람을 끌어가는 능력이 있구나 하는 자신감을 얻게 됐습니다."

2,000명이 넘는 열여섯 살에서 서른한 살 사이의 젊은 농부 모임인 영파머스클럽은 뉴질랜드농민연합 산하 조직이다. 미래의 뉴질랜드 농민 지도자를 길러내는 꿈나무 단체다. 서른한 살이 넘어서면 농민연합 회원으로 옮겨간다. 2011년에 호일은 영파머스클럽

의 회장을 지냈다.

뉴질랜드농민연합의 곡물종자 담당이사를 맡고 있는 존 호지John Hodge는 자신도 영파머스 출신으로 선배의 도움을 많이 받았다면서 "호일처럼 여러 농장에서 오랫동안 경험을 쌓은 뒤에 지금의 농장을 갖게 됐습니다."라고 말했다. "뉴질랜드 가족농을 떠받치는 힘이 뭐냐고 물으면 저는 두 가지를 말합니다. 우선 폰테라와 제스프리 같은 협동조합의 힘이 절대적이에요. 열 명의 농부 중 아홉은 40여 개 품목별 협동조합에 가입해있습니다. 그 협동조합이 우리 농민의 안정적인 소득을 지탱하잖아요. 그리고 선배와 후배 농부들을 이어주는 영파머스클럽의 존재를 꼭 이야기합니다. 건강하고 젊은 농부들을 지속적으로 재생산해야 농업 경쟁력을 이어갈 수 있어요. 뉴질랜드에서는 영파머스클럽이 그런 역할을 해내고 있습니다."

영파머스클럽은 최근 들어 회원이 부쩍 늘어나는 '부흥기'를 맞았다. 부동산이나 마케팅, 금융업 등에 종사하는 다양한 도시 젊은이를 회원으로 받기 시작한 것이다. 농업의 미래를 이끌어갈 젊은 농부의 안목과 식견을 틔워주기 위한 새로운 시도다. 직접 농업에 종사하지 않은 도시 전문직 종사자가 이미 전체 회원의 20퍼센트에 이른다. 호지 회장은 "해외시장에서 살아남기 위해서는 젊은 영농인의 경쟁력과 리더십을 육성하는 것이 가장 중요합니다. 그래서 도시 직장인을 영파머스클럽에 계속 참여시켜 서로 경험을 나누고 함께 일을 도모할 수 있는 아이디어를 생각해낸 거지요. 각자 전문 분야에서 농업과 전혀 무관한 사람이 아니라 그 분야의 농업 관련 일을 하거나 관심을 두는 도시의 젊은이를 새 회원으로 받는 겁니다. 농업 강국 뉴질랜드를 이끌어갈 우리 젊은 농부들에게 큰 힘이 되고 있습니다."

호일은 영파머스클럽의 회원이 젊은 여성에게 인기가 있다는 자랑을 **빼놓지** 않았다. "뉴질랜드에서는 낙농이 인기 직업이고, 특히 우리 회원이라면 신랑감으로 더 인기가 좋아요. 클럽 안에서 짝이 맺어지는 일도 종종 있지요. 회원의 절반이 여성이거든요."

호일은 5년 뒤 목장을 인수할 때쯤이면, 뉴질랜드의 농민은행 구실을 하는 에이엔지ANZ은행의 창구를 찾게 될 것이다. 단순한 대출 거래만 하는 일반 은행과 달리, 에이엔지은행은 새로 사업을 시작하거나 기존의 농장을 운영하는 농부들에게 필요한 실무 컨설팅을 구체적으로 제공하기 때문이다. 실제로 농장 경험이 있는 학사 또는 석사 소지자로 농장 운영 컨설팅팀을 구성해 사업 계획 작성은 물론이고 젖소 관리, 농장 운영과 재무관리 등에 대한 모든 도움을 제공한다.

호일은 자신이 인수할 만한 농장을 이미 두세 곳 점찍어 두었다. 일흔 살을 넘어 은퇴를 앞둔 폰테라의 선배 조합원이 평생 땀으로 다진 농장들이다. 호일은 그 농장을 인수해 애덤슨과 멋지게 경영할 생각을 하면 벌써부터 가슴이 부풀어 오른다.

농부들이 협동조합을 하는 까닭은 분명하다. 농부들은 누구나 작아도 자신의 농장을 갖고 싶다는 본능에 가까운 소망이 있다. 우리나라의 농부나 뉴질랜드의 호일이나 다를 바 없다. 그런데 혼자서는 농산물값을 제대로 받을 수가 없다. 이마트 같은 유통 회사나 유제품 회사의 후려치기에 맥없이 당할 수밖에 없다. 그래서 농부들은 서로 힘을 모으기로 했다. 십시일반으로 자금을 출자해, 하나의 큰 협동조합 기업을 만든 것이다. 뉴질랜드의 폰테라, 제스프리와 미국의 선키스트가 다 그렇게 해서 태어난 협동조합이다.

뉴질랜드의 농부들은 세대를 이어 가족농의 힘을 합치는 더 진화한 '협동'의 전통을 만들어냈다. 호일은 영파머스클럽에서 꿈과 리더십을 배우고, 무일푼에서 널찍한 초원의 내 농장을 갖는 차세대 폰테라 조합원의 미래를 탄탄하게 열어가고 있다.

뉴질랜드 농업의 미래를 책임지는 영파머스클럽

영파머스클럽www.youngfarmers.co.nz은 단순한 친목 도모를 넘어 영농 후계자들의 정보 교환, 네트워킹, 리더십 개발 및 교육 참여 확대를 목적으로 한다. 열 명 안팎으로 구성되는 동호회 모임이 기본 조직이다. 친구들과 함께 살아가는 공동체 정신을 체득하고, 농부로서 삶을 꾸려가기 위한 실용적인 기술을 익힌다. 중앙정부나 지자체의 지원은 없고, 회원들이 연 70달러씩 내는 회비수입으로 운영된다. 해마다 25개의 신규 동호회 모임이 생겨나고 있다.

영파머스클럽의 가장 큰 행사는 '뉴질랜드 영파머스 콘테스트'라는 전국 경연대회다. 해마다 12월부터 스물두 개 소지역 단위 동호회별로 예선을 치른 뒤 지역별 결선을 거쳐 이듬해 7월 중순에 사흘 동안 최종 결선대회를 가진다. 펜스 치는 법, 사륜 모터바이크 운전, 응급처치, 초지관리, 재무관리, 요리 등 농장에서 실제 이용되는 다양한 일상 기술이 기본 종목으로 채택된다. 농업기술과 일반 상식을 묻는 퀴즈대회도 열리며, 최종 결선은 텔레비전으로 전국에 중계된다. 경연대회의 목적은 두 가지다. 하나는 뉴질랜드 최고의 농부를 찾는 것, 또 하나는 선의의 경쟁으로 농촌 문화와 농부 교육을 전파하는 축제의 장을 마련하는 것이다.

우리에게도 농촌을 알리는 '1박2일' 같은 텔레비전 프로그램이 있다.

하지만 도시 사람들의 오락으로 농부들은 도구에 머물러있을 뿐이다. 뉴질랜드농업연구소의 김태훈 대표는 "우리나라의 젊은 농부들도 도농소통을 이끌어가는 참신한 동호회 문화를 만들어가기를 기대한다."라고 말했다.

뉴질랜드 대표 기업 제스프리가 협동조합이라고?

뉴질랜드를 대표하는 키위 브랜드인 제스프리www.zespri.com가 하루 아침에 하늘에서 떨어진 것은 물론 아니다. 1970년 이후 1990년대 후반까지 키위 농가들이 줄파산하는 홍역까지 치른 끝에 어렵게 세상에 이름을 낸 고난의 산물이다.

"1970년대에 여섯 개에 불과하던 수출업체가 한 해 두 배씩 기하급수적으로 늘어나면서 1980년대 들어 엄청난 가격 파동을 겪기 시작했습니다. 수출업체가 난립하면서 끝없는 가격 인하 경쟁이 벌어졌고, 결국 품질 악화와 농가 소득 하락의 만성적인 악순환으로 이어졌습니다." 뉴질랜드 북섬의 키위 집산지인 베이오브플렌티Bay of Plenty 관광농원을 운영하는 그레암 클로스만은 그때를 어떻게 넘겼는지 다시 생각만 해도 끔찍하다고 말했다.

1997년에 뉴질랜드 키위의 수출 마케팅을 전담하는 제스프리

인터내셔널이 탄생한 것은 뉴질랜드 키위 생산 농가의 파멸을 막고, 모두 함께 살아남기 위한 불가피한 처방이었다. 적자생존식 무한 경쟁의 막다른 골목까지 몰린 키위 농부들이 선택한 대안은 바로 '협동조합'이었다. 제스프리 브랜드 하나로 수출을 통일하자는 합의를 급기야 이뤄냈다.

뉴질랜드 정부는 이에 화답해 제스프리의 수출 독점권을 인정하는 수출창구단일화법을 제정했다. 키위 농가들이 100퍼센트 소유한 제스프리 브랜드가 아니면 누구도 뉴질랜드 키위를 수출할 수 없도록 아예 법으로 못을 박았다. 세계 키위 시장에서 뉴질랜드 수출업자 간의 출혈경쟁을 막고, 뉴질랜드 전체 키위 농가의 소득을 끌어올리자는 목적이었다.

키위 농부들의 협동은 하루아침에 지옥에서 천국으로 올라서는 '제스프리의 기적'을 낳았다. 2000년에 4억 5,900만 달러에 불과하던 수출이 2009년 이후 10억 달러를 넘어서는 지속적인 성장세를 이어갔다. 세계 수출 시장에서 제스프리는 최고급 키위 브랜드로 독보적인 1위 자리를 굳혔다. 제스프리의 홍보 매니저인 데이비드 커트니David Courtney는 "물량으로는 우리가 전 세계 수출의 40퍼센트가량을 차지하지만 금액으로는 70퍼센트 이상을 독점한다."며 "전체 키위 농가의 힘을 제스프리라는 마케팅 전담 회사 하나로

뉴질랜드 키위의 집산지인 베이오브플렌티 지역에 자리 잡은 제스프리 본사. 키위를 선별하고 있다.

모았기 때문에 기술을 혁신하고 수출 역량을 키우고 높은 가격을 받을 수 있게 됐다."라고 말했다.

경쟁 업체보다 뛰어난 품질을 인정받는 제스프리의 키위는 경쟁국인 이탈리아나 칠레 농가보다 50퍼센트 이상 높은 가격을 보장받는다. 제스프리는 나라마다 맛과 크기가 다른 키위를 내놓는 등 상품 혁신에 막대한 공을 들인다. 예를 들어, 최근에 등장한 레드 키위(홍다래)는 대표적으로 우리나라를 겨냥한 신개발 품종이다. 단맛을 특히 좋아하는 우리나라 사람의 입맛에 맞춘 것이다.

제스프리는 개별 농가의 생산 시설을 직접 관리하면서 품목과 재배 방식 등을 일일이 지도한다. 농민은 세계 최고 브랜드인 제스프리가 정해준 '스펙'에 맞춰 최상품을 생산하고 그만큼 알찬 수입을 누린다. 제스프리는 기후변화와 각종 질병에 대응하고, 국제가격 변동을 완충하는 구실도 당연히 맡는다. 협동조합 방식으로 전체 농가의 힘을 모으지 않고 개별 농가로 흩어져 있었다면 도저히 엄두를 낼 수 없는 일들이다. 제스프리는 키위 먹는 숟가락을 완전 분해 플라스틱으로 제작하는 등 협동조합의 가치에 걸맞은 사회 책임 경영에도 힘을 쏟는다.

제스프리는 상법상으로는 유한회사다. 하지만 전체 키위 농가의 95퍼센트 이상인 2,600여 농가가 주주로 참여하는 실질적인 협동조합 기업이다. 키위 농가가 아니면 1주의 주식도 가질 수 없다. 개별 농가의 지분 규모 또한 직전 3년 동안의 키위 생산량에 비례해 정해지도록 했다. 미국식 신세대 협동조합의 이른바 '비례 모형' 원칙을 충실히 따른 것이다. 사업 방식에서도 협동조합의 가치가 철저하게 배어있다. 제스프리는 농가에서 키위를 사들이지 않는다. 농가를 대신해 좋은 값에 수출해주고 정해진 수수료만 챙길 뿐이다. 비싸게 수출하면 그만큼 농가의 소득 증대로 전액 귀속되는 구조다.

제스프리뿐만 아니라 키위를 선별·포장하는 80여 개의 사업체도 모두 농부가 소유한다. 키위를 운송하는 업체, 비료를 생산해 농가에 공급하는 업체도 농부 소유기는 마찬가지다. 키위 생산에서 수출까지 전 과정에 걸쳐 협동조합 방식의 다양한 자회사를 세워 농가 소득 극대화를 보장한다.

2011년 8월에는 제스프리 생산 농가의 장래를 밝게 하는 희소식이 또 하나 전해졌다. 제스프리의 수출 단일화를 깨기 위한 끈질긴 소송 공세에 대법원이 쐐기를 박은 것이다. '터너스앤그로워스 Turners & Growers'라는 과일 수출업체는 그동안 '수출 창구 단일화가 시장 경쟁을 가로막는 위헌적 규제'라고 주장하며 다섯 차례 소송을 제기했다. 로비를 통해 정치적 압박을 가하는가 하면, 외국 정부와 은밀히 협력해 뉴질랜드 정부에 통상 압력을 가하기도 했다.

실제로 키위 수입이 많은 일본에서는 제스프리로 단일화한 뉴질랜드의 키위 수출 정책에 대해 강한 비판을 제기했다. 일본 소비자 입장에서는 뉴질랜드의 수출업체가 여럿이면 더 낮은 값에 키위를 살 수 있을 것이라고 여긴 것이다. 뉴질랜드 국내에서도 시장 만능주의자들의 목소리가 만만치 않다. 키위 농가의 안정적 소득을 보장해주는 수출 단일화 정책이 반시장적이고 독점 금지의 취지에도 위배된다고 주장한다.

"뉴질랜드는 수출에 절대적으로 의존하는 작은 나라입니다. 뉴질랜드 농부들은 수출 단일화가 깨졌을 때 어떤 비극이 초래되는지도 똑똑히 보았습니다. 우리 현실을 고려하지 않은 무한 경쟁 맹신의 종착역은 전체 농가의 파산이고, 국가 경제의 위축으로 이어집니다. 뉴질랜드 대법원이 현명한 결정을 내렸습니다." 오클랜드 메시대학의 에롤 휴잇Errol Hewett 명예교수가 말했다.

뉴질랜드에서 수출 단일화라는 극한 처방을 인정한 것처럼, 다른 나라에서도 강도의 차이는 있지만 협동조합을 독점 금지의 예외로 인정하는 다양한 장치를 두고 있다. 협동조합 자체가 독점의 폐해를 극복하기 위해 경제적 약자들이 자력으로 뭉친 기업이기 때문이다.

제스프리의 키위와 폰테라의 낙농이 뉴질랜드 농업의 대표적인 성공 사례라면, 사과와 배는 실패 사례다. 결론부터 말하면, 키위와 낙농은 협동을 이뤄냈고 사과와 배는 농가들이 협동하지 못하고 사분오열됐다. 그 결과 10년 전 1,500곳에 이르던 사과 생산 농가가 지금은 400곳으로 줄어들었다. 4분의 1토막이 났다. 휴잇 교수는 '농부들이 서로 힘을 모으지 못하고 작은 욕심에 매몰된 탓'이라고 지적했다.

1999년까지만 해도 사과와 배 또한 정부의 마케팅보드를 통한 수출 단일화가 유지되었다. 하지만 농민들이 뭉치지 못하는 사이 과일 수출업체들이 사과와 배 생산자협회의 의결권 장악에 나섰다. 과수원을 하나둘 야금야금 사들이더니, 1990년대 중반에 농가들이 크게 어려울 때 대규모 농가를 무더기로 인수하는 데 성공했다. 결국 생산자협회 의결권이 과일 수출업체 쪽으로 넘어갔고, 1999년에 사과와 배의 수출을 전담하는 정부의 마케팅보드가 깨지고 말았다.

"마케팅보드가 깨진 이듬해인 2000년 한 해에만 100개 이상의 크고 작은 수출업체가 새로 생겨났습니다. 같은 시장의 같은 바이어를 놓고 무한 출혈경쟁을 벌이는 상황이 벌어진 거죠. 이렇게 되면 농부들이 가장 큰 피해를 당합니다. 실제로 농가 소득의 하락과 줄파산이 이어지고, 사과와 배의 전체 수출도 위축됐습니다." 휴잇 교수는 "한때 뉴질랜드 경제를 이끌다가 쇠락해간 양 산업도 협동조합 기업을 세우지 못했다."라고 말했다.

'착한 독점'이 있다? 독점금지법(또는 공정거래법)의 애초 취지는 1퍼센트 대기업 또는 대주주의 주머니로 과도하고 부당한 이윤이 들어가는 것을 막자는 것이다. 그런 점에서 뉴질랜드 정부가 제스프리에 부여한 독점은 성격이 전혀 다르다. 오히려 99퍼센트의 경제적 약자에게 그 혜택이 고루 나뉜다. 뉴질랜드 대법원의 판결은 세상에는 좋은 독점도 있다고 웅변한다. 협동조합들의 협동으로 이뤄낸 독점이다.

일상에 녹아있는 협동 정신, 협동 문화
스위스와 네덜란드

이탈리아 볼로냐에서 자동차로 알프스산맥을 넘었다. 미그로 본사가 있는 스위스 제네바Geneva는 호수의 도시다. 유럽에서도 시장경제의 최첨단을 달리는 스위스지만, 소매시장만은 협동조합 기업들이 확실히 장악하고 있다. 소매 기업 1위인 미그로는 주식회사에서 협동조합으로 전환한 독특한 역사가 있다.

소비자 협동조합의 왕국 스위스

2009년 1월, 스위스의 한 일간지는 스위스 국민 1,000명을 상대로 '스위스 역사상 가장 중요한 인물'을 물었다. 1위는 과학자 아인슈타인이 차지했다. 3위 테니스 스타 로저 페더러, 4위는 교육학자 페스탈로치, 5위는 적십자 창설자 앙리 뒤낭. 모두 들어봤음 직한 이름이다. 그런데 2위에 오른 인물은 생소하다. 고트리브 두트바일러Gottlieb Duttweiler. 스위스의 협동조합 미그로를 창립한 사업가다. 스위스 국민은 왜 그를 아인슈타인에 이어 두 번째로 중요한 인물로 꼽았을까?

고트리브 두트바일러는 1925년 취리히Zürich에서 '사기업' 미그로를 설립했다. 그가 생각한 사업은 시장에 접근하기 어려운 가정을 상대로 일용품을 저가격에 판매하는 것이었다. 고트리브 두트바일러는 커피, 쌀, 설탕, 파스타, 코코넛오일, 비누를 트럭에 싣고 마을을 순회하며 판매했다. 도매와 소매의 중간이라는 뜻을 담아 이름을 미그로Migros라고 정했다. 그는 중간 유통 마진을 줄여 경쟁자보다 40퍼센트 저렴한 가격으로 물건을 팔아 대성공을 거두었다. 그는 1926년에 매장을 세우고 사업을 확장했다.

그의 활동이 여기에 그쳤다면 스위스 국민이 그를 '역사상 중요한 두 번째 스위스 사람'으로 꼽지 않았을 것이다. 열정적인 기업가인 두트바일러는 많은 매장을 개설했고, 1941년에 큰 결단을 내렸다. (100만 스위스프랑만 남겨두고) 개인 소유였던 미그로 주식을 모두 협동조합 출자금으로 전환했던 것이다. 스위스 국민에게 자신의 기업을 통째로 기부한 셈이었다. 사기업이던 미그로는 오늘날 스위스에 600개 매장을 둔 협동조합으로 성장했다. 스위스 인구 700만 명 가운데 200만 명이 미그로 조합원이다. 직원이 8만 3,000여 명에 이르고, 2010년 미그로 총매출액은 250억 스위스프랑(약 30조 원)을 기록했다. 시장점유율이 20퍼센트에 가까운, 스위스 최대의 소매 기업이다.

스위스는 '소비자 협동조합 왕국' 같은 나라다. 미그로와 코프스위스Coop Swiss. 두 소비자 협동조합의 식품시장 점유율은 40퍼센트를 넘는다. 2009년 말을 기준으로 코프스위스는 조합원 252만 명, 직원 5만 3,000명에 매출 181억 스위스프랑(약 22조 원)을 기록했다. 소비자 협동조합의 힘이 막강해 일반 기업이 맥을 못 추었다. 미그로는 스위스의 제3위 소매업자로 할인매장 체인인 데너Denner를 인수했다.

프랑스의 대형 마트 카르푸는 스위스에 진출했다가 2008년 코프스위스에 매장 열두 곳을 넘기고 철수하기도 했다. 당시 코프스위스는 카르푸를 인수한 뒤 고용을 그대로 승계했다.(2006년 우리나라에서 열아홉 개 카르푸 매장이 철수하면서 그 매장을 인수한 홈에버가 노동자를 대량 해고한 것과 대조적이다). 스위스 업계 최고가 되겠다는 카르푸의 야심 찬 계획은 실패로 끝났다. 미그로와 코프스위스의 성장세가 워낙 두드러지다보니 스위스 당국이 경쟁을 위해 두 회사의 기업 매수를 7년 동안 제한하기도 했다. '대기업 천국'인 우리나라에서는 상상하기 어려운 일이다.

미그로 매장으로 향하는 길. 스위스 취리히에서는 도로 곳곳에서 '코프COOP'라는 로고를 붙인 트럭을 볼 수 있었다. 자전거에 달린 트레일러 뒤에도 코프라고 적혀있었다. '협동조합의 천국'이라더니. 도로 여기저기에서 협동조합을 목격할 수 있었다.

취재진이 방문한 미그로 매장은 크기가 상당했다. 우리나라의 여느 백화점과 비슷한 규모였다. 미그로 홍보팀은 친절하게 한국에서 온 취재진을 맞이했다.

한 직원은 자신이 한 달 동안 한국에서 배낭여행을 한 적이 있다고 말했다. 템플스테이를 한 적도 있다고 했다. 그러면서 최근 한국 소설을 읽었다고 말했다. 오, 무슨 소설일까? 엄마가 길을 잃고 가족이 그 엄마를 찾는 내용이라고 했다. 영문 제목이 《룩 애프터 머더Look after Mother》. 작가 신경숙 씨가 쓴 《엄마를 부탁해》를 영어로 읽었다는 것이었다. 스위스에서 뜻하지 않게 우리나라 소설가의 작품 이야기를 하는 게 무척 반가웠다.

스위스 취리히에 있는 미그로 매장과 코프 매장.

스위스 취리히에서는 코프 마크가 붙은 자전거 트레일러를 쉽게 볼 수 있다.

미그로에서 홍보를 담당하는 루치 베버Luci Weber 씨는 "스위스에는 '미그로 키즈'와 '코프 키즈'가 있다."라고 말했다. 어린 시절부터 부모와 소비자생활 협동조합에 가서 물건을 사는 게 습관이 되다 보니, 각각 협동조합에 대한 애착이 대단하다고 한다.

통상 협동조합은 조합원 중심의 민주적 방식으로 운영된다. 조합원이 선출한 대표가 이사회에 참여해 공동으로 의사 결정을 한다. 미그로도 마찬가지다. 미그로는 지역협동조합 열 개와 본부한 개로 구성된다. 지역협동조합은 자립 사업체로 스스로 결정 권한을 가진다. 지역협동조합은 자립한 사업체며 재무보고도 독자적으로 각각 총회를 열어 승인한다. 본부는 구매와 생산을 관리하고, 지역협동조합의 의견을 모아서 사업을 추진하는 임무를 맡는다. 10스위스프랑(약 1만 2,500원)을 내면 지역협동조합의 조합원으로서 지역협동조합의 의사 결정 과정에 참여할 수 있다.

지속 가능성이야말로 미그로의 디엔에이

베버 씨는 "미그로는 중앙집권적 구조가 아니라 지역협동조합이 성장하는 구조가 되기를 원했다."라고 말했다. 지역 본부가 자체 결정 권한을 갖고, 또한 여러 위원회를 두어 공동으로 의사 결정을 하는 모델이다. 사업할 때 중앙집권적 의사 결정을 하는 게 좀 더 효율적이지 않을까. 베버 씨의 생각은 다르다. "미그로의 목적은 주주 가치를 늘리는 게 아닙니다. 이익을 많이 남기는 것보다 좋은 제품을 저렴한 가격에 제공하는 것이 중요합니다." 그는 나아가 "지속 가능성이야말로 미그로의 디엔에이DNA다."라고 말했다. 미그로의 지배 구조는, 비록 느릴지언정 좀 더 지속 가능한 사업을 할 수 있도록 의사 결정을 하는 방식이라는 것이다.

미그로는 '스위스를 위해, 스위스인을 위해 존재하는 협동조합'으로 자신을 규정한다. 베버 씨의 말로는 설립자인 두트바일러는 스위스인의 건강에 관심이 많았다고 한다. 고객에게 유해한 물건은 판매하지 않는 것을 원칙으로 삼았다. 그래서 지금까지도 매장에서 술과 담배, 성인 잡지를 판매하지 않는다. 미그로는 판매하는 물품이 사회적으로, 환경적으로, 윤리적으로 생산되는지를 중시한다. 제품에 이산화탄소 라벨을 붙여 소비자가 좀 더 기후 보전에 도움이 되는 물품을 구입하도록 유도했다. 매장 위치를 선정할 때도 '걷거나 자전거를 이용해서 오기 용이한 장소'를 선정 기준으로 두었다. 가능하면 자동차 이용을 줄이기 위해서다. 이런 노력 덕분에 미그로는 '가장 신뢰가 가는 회사' 상을 세 번이나 수상하기도 했다.

미그로는 스위스 국민의 생활 향상에 공헌하는 것, 최고의 기업으로 사회적 책임을 다하는 것을 우선한다. 그래서 지역사회에 기여해야 한다는 원칙에 따라 해마다 1억 스위스프랑(약 1,224억 원) 이상을 교육·문화에 투자한다. '미그로 클럽 스쿨Migros Club School'이 대표적이다. 지역협동조합에서 운영하는 교육기관으로 1년에 45만 명이 이용한다. 좀 더 저렴하게 교육 혜택을 받을 수 있도록 수강료 일부를 미그로에서 지원하는 방식으로 운영한다.

미그로는 2008년 금융 위기 때도 별다른 영향을 받지 않았다. 2009년에는 가장 지속 가능한 회사로 선정됐다. 베버 씨는 "미그로는 은행에서 돈을 빌린 액수가 적어요. 위험 부담이 큰 사업을 하지 않기 때문입니다. 우리가 위험 부담이 큰 사업을 시작하려면 조합원에게 이를 알려야 합니다. 하지만 조합원이 원하는 것은 이윤을 많이 남기는 것이 아니에요. 이윤이 크다면, 차라리 그 돈으로 식품을 더욱 저렴하게 제공하라는 게 조합원의 바람입니다. 이윤이 너무 커도 문제인 회사, 그게 미그로지요."라고 말했다.

미그로에는 글로벌 전략이 없다. 8만 명의 직원이 일하는 미그로는 스위스의 최대 고용 기업이다. 이만한 규모의 세계적인 유통 대기업치고 글로벌 전략을 세우지 않은 기업이 또 있을까? 월마트와 카르푸가 우리나라에 들어오고 이마트가 중국으로 진출한 것만 봐도 이해하기 어려운 대목이다. 우리나라 대기업 사람들을 모아놓고 물어보면, 하나같이 '뭐 그런 기업이 다 있느냐'고 놀랄

미그로는 소매점뿐 아니라 주유소와 여행사, 은행 등 조합원에게 필요한 사업 분야로
확장한다. 사진은 미그로가 운용하는 은행의 모습.

것이다. 미그로의 답변은 망설임이 없다. "우리는 협동조합이고,
우리의 주인인 조합원이 모두 스위스 사람입니다. 우리는 조합원
을 위한 사업을 벌입니다. 글로벌 전략이 왜 필요한가요? 조합원
은 돈을 더 많이 벌라고 요구하지 않습니다. 가까운 매장에서 더
좋은 물건을 더 값싸게 살 수 있게 해줄 것을 기대합니다."

미그로는 더 많은 수익을 내기 위해 세계 시장을 넘보지 않는
다. 대신 은행에서 주유소, 여행, 레저 등에 이르기까지 스위스 안
에서 조합원의 편익을 더할 수 있는 수많은 분야로 거미줄처럼 사

스위스의 한 농장에서 농부가 미그로 매장에 공급할 채소를 정성껏 수확하고 있다.
(출처 : 미그로 홈페이지http://m09.migros.ch/en)

업을 확대해나간다. 그리고 사업마다 지역에 거주하는 조합원과 그 지역사회에 철저히 뿌리내리는 전략으로 일관한다. '지역으로부터, 지역을 위해From the region, For the region'라는 것이 미그로의 지역화 정책이다.

　　도미니크 슈미트와 올리비에 슈미트Dominic and Olivier Schmied는 미그로와 거래하는 프라이부르크Freiburg 주의 형제 농민이다. 슈미트 형제가 미그로와의 첫 거래를 튼 것은 부친의 농장을 물려받은 2005년. 그 뒤로 '지역으로부터, 지역을 위해' 라벨을 붙인 농산물을 생산해 프라이부르크 주 안에서 가까운 미그로 매장에 공급한다. 온실에서는 여름철에 상추, 겨울에 토마토와 오이를 재배하고 노지에서는 양배추와 부추, 치커리를 생산한다. '지역……' 라벨을 붙인 슈미트 형제의 농산물은 미그로 매장을 찾는 지역 소비자 조합원에게 인기가 좋아서 해마다 꾸준한 성장세를 이어갈 수 있었다. 농장 시작 4년 만인 2009년에 농장 직원을 여섯 명에서 열두 명으로 늘렸으며, 온실도 한 동 더 세웠다.

미그로의 '지역……' 라벨 아이디어는 광우병 공포가 덮치고 세계화 전략이 거침없이 확산되던 1999년 무렵에 처음 도입됐다. 루체른Luzern 지역의 미그로에서 가장 먼저 지역화로 거꾸로 가자는 정책을 채택했다. 생산 농민과 유통 업체에는 미그로가 요구하는 스위스 환경기준을 엄격히 지키도록 요구하고, 소비자에게는 루체른 지역 라벨을 붙인 농산물이 가장 생태적이고 안전한 식품이라는 신뢰를 주자는 전략이었다. 이듬해의 작목별 생산 물량을 개별 농가와 1대1로 얼굴을 맞대고 논의해 결정하는 소통 정책도 채택했다. 중요한 동반자인 농가의 농산물 수급과 소득 안정을 위한 조처였다. 결과는 대성공이었다. 루체른의 지역 농산물 판매가 급증했고, '지역……' 라벨 정책이 바젤Basel과 취리히 등으로 확산됐다. 2009년부터는 전국 미그로 매장에서 자기 지역 농가와 계약해 '지역……' 라벨 농산물을 판매하는 정책을 채택하기에 이르렀다.

세계 최대의 노동자 협동조합, 몬드라곤 그룹

몬드라곤Mondragon 그룹은 1956년에 스페인 바스크Vasco 지역의 몬드라곤 마을에서 시작해 반세기 만에 스페인에서 매출 9위, 고용 3위의 기업 집단으로 성장했다. 세계 최대의 노동자 협동조합이 터를 잡은 몬드라곤은 인구가 3만 명에도 못 미치는 작은 도시다.

노동자 조합원이 1인1표의 실질적인 지배권을 행사하는 몬드라곤 그룹은 260개 회사가 기업 집단을 형성하는데, 그중 120개가 협동조합 형태로 운영된다. 몬드라곤과 그 외 지역에서 몬드라곤 그룹의 직원으로 일하는 사람은 모두 8만 5,000명으로, 그중 3만 5,000명이 몬드라곤의 전체 출자 지분을 나눠 가진 조합원이다. 매출 규모는 연 140억 유로(20조 원대)에 이른다. 핵심 기업으로는 스페인 최대 백색 가전 업체인 파고르Fagor와 우리의 이마트 규모와 맞먹는 소매 기업 에로스키Eroski, 스페인 5위권 금융회사인 노동인민금고Caja가 꼽힌다.

몬드라곤은 2008년의 글로벌 금융 위기를 해고 없이 극복하면서 전 세계의 주목을 받았다. 지속 가능한 협동조합 기업의 대명사로 떠올랐다. 8,000명이 일시 휴직에 들어가는 어려움을 겪기는 했지만, 휴직자들은 그룹 내 공제협동조합인 라군아로Lagun-Aro를 통해 평시 연봉의 80퍼센트를 지급받았다. 이후 재교육을 거쳐 몬드라곤의 다른 협동조합 기업에 모두 자리를 잡을 수 있었다.

몬드라곤은 그리스발 금융 위기가 스페인으로 확산된 2011년에도 흔들리지 않는 모습을 보였다. 2010년과 비슷한 140억 유로의 매출을 유지했으며, 1억 2,500만 유로의 순이익을 기록했다. 전년 수준에서 0.1퍼센트 떨어지는 데 그친 고용 안정세도 돋보였다.

몬드라곤 노동자 조합원의 연소득은 평균 7,300만 원(2010년)의 높은 수준을 유지하고 있다. 소속 기업에서 받은 평균 연봉이 5,300만 원이고, 퇴직 때까지 회사에 맡겨놓은 출자금(1인 평균 1억 9,000만 원)의 이자로 평균 1,400만 원(연 7.3% 금리 적용)을 지급받았다. 출자금의 연말 배당금으로 600만 원을 추가로 지급받았다. 다만, 출자금이 없는 비조합원 노동자의 평균 연봉은 5,300만 원에 머물렀다.(출처 : 《몬드라곤의 기적》, 김성오, 역사비평사, 2012)

몬드라곤의 성공을 말하면서 노동인민금고의 존재를 빼놓을 수 없다. 몬드라곤은 협동조합 은행인 노동인민금고에 기업국을 설치한 1970년대 이후 눈부신 성장세를 구가했다. 노동인민금고는 신규 협동조합의 창업 및 투자 자금을 안정적으로 공급하는 심장 구실을 했고, 파산 위기에 처한 협동조합을 지원하는 수호천사 노릇도 했다.

네덜란드의 협동조합 은행 라보방크

네덜란드는 상업과 무역이 발달한 나라다. 네덜란드의 협동조합 기업은 전통적인 '협동'의 가치를 잃지 않으면서도 치열한 시장 경쟁에서 앞서나가고 있다. 농업과 금융 부문에서 활약이 눈부시다.

조합원 180만 명. 48개국의 고객 1,000만 명. 직원 5만 8,700 명. 2010년 말 기준으로 자산 6,525억 유로(약 959조 원). 네덜란드 3 대 금융기관이자 세계 25위의 은행. 네덜란드의 협동조합 은행 라보방크의 성적표. 141개 지역 은행을 둔 라보방크Labo Bank는 네덜란드 농업 금융의 84퍼센트, 저축의 41퍼센트, 주택 담보 대출의 30퍼센트, 중소기업 분야 금융의 38퍼센트를 차지한다(2007년 말 기준). 보험, 연금, 자산관리와 투자, 모기지론도 취급하고, 이 모든 서비스 분야에서 선두 자리를 차지하고 있다. 고객을 위한 '금융백화점'을 목표로 삼고 있다. 이 은행은 조합원에게 따로 배당하지는 않는다.

라보방크의 역사는 1898년에 농촌에서 설립된 협동조합 은행으로 거슬러 올라간다. 네덜란드 농촌의 지역 금융을 양분한 2대 협동조합 은행인 라이파이젠Raiffeisen과 부렌레인Boerenleen이 1972년에 합병하면서, 지금의 모양을 갖추었다. 두 협동조합의 앞글자를 따서 공식적으로 라보RABO은행이라는 이름을 쓰기 시작한 것은

위트레흐트(Utrecht)에 있는 라보방크 본사 건물.

1980년이었다. 전국 각지의 여러 라보방크는 100년 전부터 지역사회의 농민과 깊은 유대 관계를 맺고 있었다. 지역 농민을 속속들이 잘 알았고, 신뢰를 기반으로 거래했다. 농민이 대출금을 갚지 않는 경우는 매우 드물었고, 은행은 튼실했다. 농민도 농촌 은행에서 대출받기 위해서는 반드시 조합원이 되어야 했다. 자신이 대출을 갚지 못하면 은행이 빚더미에 앉게 되고, 결국 자신이 책임져야 한다는 점을 잘 알았다.(지금은 조합원이 아니더라도 은행을 이용할 수 있다.) 이런 책임과 신뢰를 기반으로 한 라보방크는 세계에서 가장 안전한 은행 평가에서 3~6위 사이를 오르내리고 있다.

라보방크의 '지역 은행'이 추구하는 목표는 '가능한 한 작게, 가능한 한 많은 이들이 이용하는 것'이다. 실제로 라보방크는 무척 조밀하게 짜인 250여 개 은행 네트워크를 두고 있다. 각 지역의 라보방크들은 독립적으로 관리·운영되며 각각 조합원이 이사회를 선출한다. 이사들은 무급으로 활동한다. 중앙 라보방크는 지역의 라보방크들이 선출한 중앙대표회의와 경영자문회의의 통제를 받는다. 또 은행 전문가로 구성된 최고경영회의가 상시적 운영을 담당한다. 중앙과 지역의 라보방크 사이에는 이런 건강한 긴장 관계가 유지된다.

이런 측면에서 라보방크의 엠블럼은 상징적이다. 라보방크의

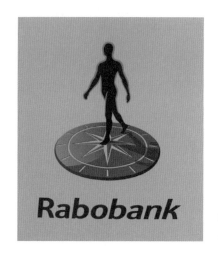

라보방크 로고는 조합원이 중심에 있고,
조직 운영에 참여한다는 것을 뜻한다.

거버넌스 부문장인 빌버르트 판 덴 보스Wilbert van den Bosch 씨는 "사람(조합원)이 중심에 있고, 조직 운영에 직접 참여한다."라는 뜻이라고 설명했다. 141개 지역 라보방크는 총회·감독위원회·이사회의 세 개 기구를 구성하고, 그 밑에 전문 경영인을 둔다. 조합원은 총회에 참석해 이사와 감독위원회 위원을 선임하고, 주요 정책을 결정한다.

141개 지역 은행은 열두 개의 지역대표자회의로 묶이고, 이 열두 개의 지역대표자회의에서 각각 여섯 명씩 선출해 중앙대표자회의(총 72명)를 구성한다. 이 회의는 일종의 의회 구실을 한다. 1년에 네 차례 소집되는데 중앙 감독위원회 의장이 회의를 주재하며 중요한 정책을 심의하고 정책 대안을 제시한다. 중앙 라보방크에 대한 지역 라보방크의 영향력을 강화한 것이다. 보스 씨는 '141명의 어머니(지역 라보방크)와 1명의 딸(중앙 라보방크)'이라고 비유했다. 그는 "영·미식 은행은 피라미드식으로 결정권을 중앙에서 갖는데, 라보방크는 주요 결정권을 지역 은행이 갖는 방식"이라고 말했다.

이렇게 복잡하고 '말 많은' 구조가 불편하지는 않을까? 보스 씨는 "토론을 많이 하고 시간이 오래 걸릴 거라고 하지만 라보방크는 토론 후에 실행이 빠릅니다. 우리는 100여 년 동안 조합원이 모아준 공동 자산에 대한 책임감을 느끼고, 그 돈을 다음 세대에게 물려줄 책임을 동시에 느껴요."라고 말했다. 이런 의사 결정 구조는 2008년 경제 위기 때 라보방크가 흔들리지 않는 데 도움을 주었다고 한다. "대표자나 감독자 가운데 은행업 종사자가 아닌 사람도 있습니다. 수상한 서브프라임 모기지처럼 일반인이 이해하지 못하는 안건은 통과되기 어렵습니다."라고 말했다.

그는 협동조합 방식으로 조직을 운영하는 것이 사회적 지속 가능성을 높이는 길이라고 말한다. 그는 "라보방크의 미래는 협동조합 조직에 있습니다. 새로운 세대는 점점 더 커뮤니티를 형성하길 원합니다. 그들은 정직한 거래를 원하고, 정직한 은행을 원합니다."라고 말했다. 이 '정직한 은행'은 환경과 윤리적 원칙에 근거한 금융 상품을 제공하고, 적극적으로 사회 공헌 활동을 벌인다.

라보방크는 엠네스티Amnesty(국제사면위원회), 개발도상국을 위한 기금, 국제자연보호기금WWF의 환경 관련 프로젝트를 지원한다. 지역의 라보방크 역시 네덜란드 전역에서 1,000여 개 이상의 관련 프로젝트를 지원하고 있다.

세대를 건너뛴 라보방크 협동의 힘

라보방크의 건전성을 유지하는 가장 큰 힘은 고인이 된 수많은 '선배 조합원'에게서 나온다. 1898년 은행 설립 이후 금융 사업에서 벌어들인 잉여금을 지금까지 100년이 넘도록 선배 조합원들은 한 푼도 배당금으로 가져가지 않았다. 공동자본금으로 적립해 다음 세대의 조합원에게 고스란히 물려주었다. 라보방크는 잉여금 무배당과 전액 공동자본 적립이라는 라이파이젠 원칙을 한 치의 어김도 없이 충실히 따랐다.

이렇게 선배 조합원들의 내부 유보로 100년 동안 적립된 공동자본금만도 무려 200억 유로(약 29조 원). 지금 라보방크 전체 자본금의 3분의 2에 해당하는 막대한 규모다. 자본 조달 비용이 한 푼도 들어가지 않은 현금을 200억 유로나 보유하고 있으니, 라보방크가 금융 위기에 강하지 않을 수가 없다. 라보방크 쪽은 "누구도 라보방크의 지분에 대한 권리를 주장할 수 없습니다. 라보방크는

공항에 라보방크 홍보물이 부착돼있다.

누구에게도 속하지 않습니다. 라보방크 그 자체로 라보방크를 소유합니다."라고 밝혔다. 조합원의 대를 이어 쌓아온 200억 유로의 자본금이 어떤 개인이 아니라 협동조합 라보방크의 공동소유임을 강조한 것이다.

협동조합의 가장 치명적인 약점은 자본 조달이다. 이익을 많이 내지 않으니 기업 평가에서 좋은 등급을 받을 수 없고, 당연한 결과로 외부 자금 조달이 어려워질 수밖에 없다. 라보방크는 이러한 자금 조달의 어려움을 자력으로 극복하기 위해 일찌감치 '100퍼센트 무배당' 원칙을 세웠다. 그리고 100년 이상 성실하게 실천에 옮겼다. 100년 뒤의 후배와도 기꺼이 협동하고 기득권을 포기할 수 있다니. 여러 세대를 건너뛰는 신뢰와 협력의 힘이 세계에서 가장 안전한 은행을 떠받치는 저력인 셈이다. 존경하지 않을 수 없는 라보방크 조합원이다.

라보방크 같은 협동조합 은행은 2008년 금융 위기 때에 주류 경제학의 재조명을 받았다. 협동조합 은행이 금융 위기를 거뜬히 극복하는 것을 보면서 협동조합 모델의 가치에 새롭게 눈을 뜨게 된 것이다. 라보방크의 건전성을 분석한 세계적인 신용 평가 기관도 협동조합 방식의 지배 구조와 기업 문화를 예외 없이 높이 평가했다. "(협동조합 은행인) 라보방크 상호부조 모델의 위기 극복 능력이 입증됐다. 장기적인 조합원(고객)과 수익성 정책, 신중한 위기 접근, 지역 라보방크와 중앙 라보방크 간의 강력한 연대가 라보방크 정책의 기조를 형성한다. 이러한 모델은 2008년 금융 위기에 특히 강점을 발휘했다."(무디스Moody's의 〈2010년 라보방크 신용 평가 보고서〉) 스탠더드앤푸어스Standard & Poor's의 신용 평가 보고서 또한 협동조합 은행인 라보방크의 장기적인 위기관리 능력에 상당한 관심을 표현했다.

농협경제연구소는 〈유럽 협동조합 은행의 다양성과 국가별 성장 과정〉이라는 2012년 보고서에서 협동조합 은행이 금융 위기를 잘 견디는 이유를 분석했다. 가장 먼저, 투자자가 주인인 주식회사와 달리 협동조합 은행은 이익 극대화 압력을 받지 않는다는 점을 강조했다. 단기적인 이익을 내라는 압박이 덜하기 때문에 사업 및 대출 정책에서 장기적으로 접근할 수 있다는 점도 들었다. 은행의 고객이자 출자자인 조합원 다수는 과감한 외부 자본 유치나 고위험·고수익 투자에 잘 나서지 않는다는 분석도 덧붙였다. 협동조합이 지역에 기반을 두기 때문에 조합원과의 의사소통이 활발하다는 점도 짚었다. 협동조합의 조합원이 주식회사의 주주보다 자기 은행이 겪는 위기를 잘 감지할 수 있고, 따라서 위기를 미리 피하거나 한발 앞서 대책을 세울 수 있다는 것이다.

협동조합도 치명적인 약점이 있다?

협동조합은 자본 조달에서 치명적 약점을 안고 있다. 이익 극대화를 추구하지 않고 원가 경영을 한다는 협동조합의 가장 중요한 속성이 자본 조달에서는 결정적인 발목을 잡는다.

원가로 경영한다니, 그러면 회기 말의 재무 성과가 어떻게 나타날까? 기업 평가의 핵심 지표인 순이익률, 자기자본이익률, 투자수익률 같은 수치가 좋게 나올 수가 없다. 기업 평가 점수로 대출 심사를 하는 은행 창구에서 협동조합은 찬밥이 될 수밖에 없다. 더욱이 협동조합은 시장에서 주식을 거래하지도 않는다. 직접 자본시장 조달의 길도 막혀있는 것이다.

협동조합 스스로 찾아낸 돌파구는 대략 세 가지다. 첫째, 사업의 잉여금이 생기면 최대한 공동자본금으로 적립하고, 그다음으로 이용 배당을 하는 원칙을 세웠다. 라보방크가 대표적 사례다. 100년 이상 무배당으로 잉여금 전액을 적립하면서 자본 조달의 어려움을 자체적으로 극복했다. 이용 배당의 원칙은 조합원의 충성심을 높인다.

스페인의 몬드라곤처럼 협동조합 금융 기능을 강화하는 것이 두 번째 길이다. 몬드라곤의 노동인민금고는 몬드라곤 계열 협동조합이 신설 및 확장하거나 경영 위기가 닥쳤을 때 자금을 공급하는 심장 구실을 했다.

세 번째는 이탈리아처럼 협동조합연합체에서 해마다 잉여금의 3퍼센트씩을 적립해, 사실상 회원 협동조합을 위한 금융 창구 역할을 하는 것이다.

협동조합은 자금 조달 말고도 의사 결정이 더디다는 약점을 지적받는다. 민주적인 1인1표 방식이 신속한 의사 결정에는 때로 걸림돌이 될 수 있다. 또 협동조합은 일반적으로 최고 급여를 최저 급여의 여섯 배에서 아홉 배로 제한하는 규정이 있어, 고급 인재 확보에 불리하다는 단점이 거론되기도 한다.

우리가 아는 게 전부가 아니다
캐나다, 영국, 미국의 협동조합

캐나다는 앞서 소개한 유럽의 나라나 뉴질랜드 이상으로 협동조합 경제가 왕성하다. 국민 열 명 중 네 명이 한 개 이상의 협동조합에 가입해있다. 영국은 세계 최초의 로치데일Rochdale 협동조합이 탄생한 나라로, 협동조합 기업이 지역공동체의 실핏줄 구실을 톡톡히 하고 있다. 미국 또한 농업뿐만 아니라 주택, 발전, 금융 등에서 뿌리 깊은 협동조합의 전통을 자랑한다.

산악인의 협동 정신이 산이 많은 캐나다를 깨우다

"데이비드 윈게이트, 롤랜드 버튼, 짐 바이어스, 랍 브루스, 사라 올리버, 사라 골링, 최초 조합원인 여섯 분의 비전과 헌신, 그리고 정의로움에 감사드립니다. 이분들은 40년이 지난 지금까지 변함없는 조합원이고, 우리 사업에서 어떤 사사로운 이익도 취하지 않았습니다. 첫 출자 지분 5달러는 그대로 남아있습니다. 서로 소송을 걸어 다툰 적도 없습니다. 언제나 한결같이 연례 프레젠테이션에 함께 참석해, 집에서 싸온 음식을 나눠 먹습니다."

엠이시MEC, Mountain Equipment Co-op 홈페이지의 회사 소개 말미를 장식한 글이다. 짧고 함축적인 몇 마디로 여섯 명의 설립자에 대한 수백만 조합원의 사랑과 존경의 마음을 담았다. 엠이시는 아웃도어 장비를 판매하는 캐나다의 대규모 소매업체로, 협동조합 기업이다. 조합원 수로는 캐나다 최대다.

등산이 대중화되지 않은 1970년 무렵이었다. 캐나다에서는 전문 등산장비점이 없어, 암벽장비 하나를 사려 해도 미국 시애틀의 알이아이REI 매장을 찾아 국경을 넘어가야 했다. 주머니가 가벼운 대학산악부원들은 관세를 아끼기 위해 꾀를 냈다. 장비를 구입한 뒤 곧장 캐나다로 돌아오지 않고 며칠씩 미국 쪽 로키산맥에서 바위를 타면서 일부러 장비에 흠집을 냈다. 국경 통과 때 캐나다에서 쓰던 헌 장비라고 우기면, 관세를 적당히 피할 수 있었던 것이다. 하지만 입소문을 타고 이런 사실이 미국 경찰에 전해지면서 '탈세 등반'도 끝이 났다.

그해 여름, 밴쿠버Vancouver 근처 베이커 산의 빙하 자락에서 캐나다 협동조합의 새로운 역사가 시작됐다. "협동조합 방식이 실현 가능한 경제적 대안이야. 협동조합을 해보자." 짐 바이어스Jim Byers는 짧은 지식을 총동원해 협동조합 경제가 어떻게 작동하는지 텐트 안의 동료에게 설명했다. 대학산악부 회원인 네 명의 바위꾼은 그날 밤새 술을 마시며 협동조합을 토론했다.

의기투합한 이들은 주말에 다시 만나 밴쿠버에 아웃도어 장비를 판매하는 소비자 협동조합을 설립하자는 안을 구체화해나갔다. 소폭의 마진을 붙여 저렴하게 판매하고 민주적으로 운영한다는 원칙을 세웠다. 시애틀의 단골 가게인 알이아이 또한 앞서 간 협동조합이었기에, 이들에게 협동조합으로 매장 사업을 한다는 것이 전혀 낯설지 않았다. 이듬해인 1971년 8월 여섯 명의 최초 조합원들은 각각 5달러씩을 출자해 협동조합 기업 엠이시를 설립했다. 엠이시는 40년 만에 캐나다 전체 국민(3,400만 명)의 10퍼센트를 웃도는 360만 명의 조합원을 확보한 거대 소비자 협동조합으로 성장했다. 2011년 한 해 매출이 2억 7,000만 달러에 이르고, 캐나다

전역의 열다섯 개 매장에서 1,540명의 직원이 일한다.

밴쿠버 유비시UBC대학의 학생회관 골방을 빌려 시작한 사업
이 처음부터 탄탄대로를 달렸던 것은 아니다. 처음 3년 동안은 유
급 직원 하나 없이 전적으로 자원봉사에 의존했다. 의견이 맞지 않
아 다투는 일이 잦았고, 자금도 부족했다. 정찰 가격보다 싸게 판
매한다고, 장비 공급을 중단하는 공급자도 생겨났다. 하지만 협
동조합이라는 다른 방식으로 사업한다는 초기 조합원의 철학과
열정이 끊임없는 활력을 만들어냈다. 속속 늘어나는 신규 조합원
도 절대적인 신뢰를 보내주었다. 1974년에 조합원이 700명에 이르
러 제품 카탈로그를 처음으로 우편 발송하기 시작했다. 1976년에
는 사업 잉여금을 조합원에게 배당하는 재무 안정화 단계로 접어
들었다.

조합원의 충성심이 쌓이면서 이후 사업은 고속도로를 달렸
다. 1977년에 기존의 캐나다 산악 협동조합을 인수·통합해 덩치
를 키웠고, 1980년 들어서는 조합원 규모가 5만 명을 넘어섰다. 기
존의 조합원이 새 조합원을 연쇄적으로 불러들이면서 1990년에 조
합원이 인구의 1퍼센트인 25만 명에 이르고, 1997년에는 100만 명
으로 올라섰다. 마침내 2009년에 300만 명을 넘어, 캐나다 인구의
10퍼센트 조합원 시대를 열었다.

엠이시는 대규모 기업으로 성장한 뒤에도, 협동조합의 가치와 원칙을 충실히 지켜나가는 모범 사례로 인정받는다. 관료주의와는 담을 쌓았다. 홈페이지만 대충 훑어봐도, 협동조합에 대한 엠이시의 확고한 자부심과 긍지를 단박에 느낄 수 있다.

"우리는 조합원이 소유하는 기업이다. 사업을 지속할 수 있을 만큼의 최소 잉여금을 남길 뿐 더 많은 잉여금을 얻으려고 하지 않는다." 엠이시 헌장의 한 대목이다. '자주 묻는 질문FAQs'의 문답 내용 또한 협동조합 교과서를 방불케 한다. 협동조합은 무엇인가, 협동조합이 주식회사와 어떻게 다른가 등으로 시작해, 마지막까지 협동조합 기업의 운영 원칙을 설명하는 내용으로 채워져 있다.

엠이시의 기업 활동을 스스로 설명하는 마지막 대목이다. "엠이시는 공동의 민주적 소유권을 갖는 협동조합 기업이 어떤 일을 할 수 있는지를 보여준다. 규모와 범위가 커졌지만, 우리는 여전히 1인1표의 지배 구조를 유지한다. 엠이시에서는 어떤 조합원이라도 다른 조합원보다 더 많거나 더 작은 영향력을 행사하지 않는다."

엠이시 조합원의 출자금은 똑같이 5달러다. 5달러만 내면 조합원이 되고, 그날부터 여섯 명의 설립 조합원과 똑같은 권리를 누린다. 5달러 이상의 출자금은 받지도 않고, 조합원이 아닌 사람에게는 물건을 팔지 않는다.

엠이시는 최소한의 잉여금만을 남기기 때문에, 조합원에게 질

좋은 상품을 저렴한 가격으로 공급한다. 우선, 캐나다의 어떤 가게보다도 값이 싼 최저 가격제를 유지한다. 주식회사처럼 이윤을 남기지 않으니 품질을 유지하면서도 가격을 낮출 수 있다.

바겐세일 정책은 없다. 조합원을 위해 항상 가장 저렴한 가격을 제공하기 때문이다. 평소에 바가지를 씌우다가 바겐세일 때에 물건을 밀어내는 눈가림식 할인정책은 펴지 않는다. 예외적으로 재고 처리를 위한 할인행사 정도를 한다. 그 경우에도 해당 매장의 특정 품목이 대상이 되고, 재고 물품이 다 팔리면 연장 행사를 하지 않는다. '땡처리'를 빙자한 손님 끌기 행사는 협동조합 엠이시에서 있을 수 없다. 조합원이 고객이고 고객이 조합원이니, 현혹해서도 안 되고 현혹할 수도 없다.

엠이시의 모든 물건은 하루 써본 다음에 구입 여부를 결정할 수 있다. 값비싼 카약이나 자전거도 마찬가지다. 사용해보고 물건을 구입하지 않겠다면 하루 사용료만 지불하면 된다. 엠이시가 조합원 고객을 신뢰하고 조합원이 엠이시를 아끼기에 가능한, 협동조합 특유의 건강한 거래 문화다.

엠이시는 글로벌 대기업이 과시적인 사회공헌 사업에 나서기 훨씬 전부터 환경보호에 각별한 관심을 기울였다. 1987년에 환경보존기금을 발족하여 개발 훼손 위기에 처한 브리티시컬럼비아

British Columbia 주의 스모크 암벽Smoke Bluff을 사들이도록 했다. 2012년에는 1달러짜리 손가방 4만 개를 판매해 4만 달러를 모금하는 캠페인을 성공적으로 벌였다. 캐나다의 열두 개 해안 지역을 추가로 보존하기 위한 운동의 일환이었다. 엠이시의 사회공헌기금 규모는 연매출의 1퍼센트에 이른다.

엠이시의 아웃도어 의류와 장비는 내구성이 뛰어나기로 유명하다. 지구에 쓰레기를 남기지 말자는 진지한 배려다. 실제로 상품 개발의 최우선 원칙 중 하나가 내구성이고, 많은 연구·개발 투자를 아끼지 않고 있다. 이익 극대화를 지상 목표로 삼는 영리기업이 흉내 낼 수 없는 대목이다.

산악인들은 장비 욕심이 많다. 또한 '산쟁이'라면 일단 좋아하고 보는, 정서적·문화적 동질성이 강한 집단이다. 협동조합을 결성하기에 적합한 조건을 갖췄다. 우리나라의 산쟁이들이 진즉 협동조합을 알았더라면? 엠이시 같은 협동조합 매장을 벌써 열었을 것이다. 대학산악연맹이 앞장서고 각 대학산악회의 재학생과 동문이 출자자로 참여한다면, 지금이라도 한국형 엠이시의 설립은 크게 어렵지 않아 보인다. 엠이시를 찾아가 실무적인 도움을 청하면, 만사 제치고 도와주지 않겠는가? 같은 산쟁이들이 협동조합의 세상에 동참하겠다는데.

캐나다는 협동조합이 활발한 나라로 협동조합에 가입한 전체 조합원 수가 1,800만 명에 이른다. 퀘벡Quebec 주의 협동조합 활동이 가장 왕성해, 인구의 70퍼센트가 1개 이상의 협동조합에 조합원으로 가입했다. 중서부의 사스캐치완Saskatchewan 주는 56퍼센트로 그다음이다.

서쪽 브리티시컬럼비아 주의 엠이시가 조합원 수로 캐나다 1위 협동조합이라면, 신용 협동조합인 동쪽 퀘벡 주의 데자르뎅Desjardins은 사업 규모로 캐나다 1위다. 캐나다의 유명한 메이플시럽 또한 농업 협동조합의 생산물이다. 캐나다 정부에서는 협동조합 사무국을 설치해, 연방 차원에서 협동조합 정책을 조율하고 지원하는 정책을 편다.

9,000개 이상의 협동조합에서 15만 5,000명을 고용한다. 금융 부문에서 7만 명 가까이 고용하고 농업 부문 고용이 3만 2,000명이다. 협동조합 기업들의 총자산이 2,520억 달러에 이르고, 가장 큰 일곱 개 협동조합은 캐나다의 500대 기업 명단에 올라간다.

캐나다에서는 협동조합을 사회적 경제의 일부로 간주한다. 엠이시의 사례에서 보듯이, 조합원의 사회적·경제적 필요를 충족하고 민주적으로 통제되는 기업이기 때문이다. 캐나다의 협동조합 기업은 시민사회의 신뢰와 공정을 촉진하고 사회적 응집력을 낳아 정부와 사회로부터 널리 인정받는다.

'엠이시'의 세 마리 토끼 잡기

엠이시MEC의 정책의 1순위는 조합원에게 좋은 값으로 좋은 물건을 공급하는 것이다. 하지만 해마다 적정 수준의 잉여금을 남기지 않을 수 없다. 새로운 가게를 내기 위해서 투자 재원이 필요하기 때문이다.

엠이시는 꼭 필요한 만큼 남긴 잉여금을 조합원에게 출자 지분으로 나눠 배당한다. 이때의 배당 금액은 각 조합원이 1년 동안 매장에서 물건을 구매한 실적에 비례한다. 조합원 개개인이 (현금이 아닌) 출자 지분으로 가져가는 배당 금액은 미미하지만, 360만 조합원 전체의 몫을 합하면 무시 못할 금액이 된다. 이만한 현금은 엠이시의 소중한 투자 재원으로 고스란히 쌓인다.

하지만 세월이 지날수록 각 조합원의 출자 지분 규모가 달라진다. 조합원마다 엠이시 매장에서 물건을 사는 규모가 다르기 때문이다. 엠이시는 모든 조합원이 동일한 권리와 특권을 누려야 한다는 원칙을 아주 중요하게 생각한다. 동시에 모든 조합원의 자금 기여 또한 비슷해야 한다는 확고한 믿음이 있다. 조합원 간의 격차 해소를 위해 엠이시는 출자 지분 상환 정책을 도입했다. 해마다 일정량의 재원을 투입해 조합원의 과도한 출자 지분을 현금으로 사들이는 것이다. 전체 조합원의 출자 규모를 고르게 유지하기 위한 현실적인 처방이다.

예를 들어 보자. 조합원 A는 첫해에 엠이시 매장에서 1,000달러를 구매했고, 연말에 3퍼센트의 출자 배당을 받았다. 둘째 해에는 5,000달러를 구매하고, 출자 배당은 4퍼센트였다. 셋째 해에는 구매 실적이 없었다. A가 애초 보유한 출자 지분은 조합원 가입 때 5달러로 획득한 1주다. 첫째 해 연말에 구매 실적 1,000달러의 3퍼센트를 출자 배당으로 받았으니 30달러, 곧 6주를 더 갖게 됐다. 둘째 해에는 구매실적 5,000달러의 4퍼센트인 200달러를 출자 배당받아, 40주의 보유 지분을 늘렸다. 셋째 해에는 출자 배당이 없었다. 3년 뒤 출자 지분은 모두 '1주 + 6주 + 40주 = 47주'로 늘어났다. 셋째 해 말에 엠이시 이사회에서는 조합원의 최대 출자 지분을 15주로 조정하기로 했다. A조합원은 47주에서 15주를 남긴 나머지 32주를 엠이시에 주고 현금 상환을 받았다. 3년의 이용 실적에 비례한 160달러를 현금으로 배당받은 셈이다.

엠이시로서는 투자 재원을 확보하면서도, 협동조합 조직 운영의 민주성(조합원 출자 지분의 평준화)을 지키는 이중의 목적을 달성했다. 조합원으로서는 적지 않은 현금 배당을 받았으니 흡족하다. 절묘하게 세 마리 토끼를 한꺼번에 잡았다.

협동조합의 원조 국가 영국, 다시 르네상스를 꿈꾸다

영국 동북쪽 노섬벌랜드 카운티Northumberland County의 작은 농촌 마을 울러Wooler에 '체비엇 케어Cheviot Care'라는 작은 돌봄 협동조합이 생겨난 것은 2011년 초였다. 노섬벌랜드 지방정부가 돌봄 사업 예산을 삭감하고 명예퇴직을 권고하자, 서비스를 담당하던 25년 경력의 마리 퍼비스가 네 명의 동료 직원과 힘을 모아 협동조합 기업 설립에 직접 나섰던 것이다.

"돌봄 서비스는 고령화된 작은 마을에서는 꼭 필요한 일이에요. 게다가 저희가 돌보던 몇몇 할아버지와 할머니는 어릴 때부터 저희를 보살펴주신 어른들이지요. 그분들을 계속 돌봐드리고 싶어요. 간호도 하고 일을 거들고 잔심부름과 말동무를 해드려야죠. 낯선 사람이 갑자기 그분들을 돌봐드린다고 불쑥 찾아가는 상황은 상상하기도 싫습니다. 그래서 우리 힘으로 협동조합 기업 체비엇 케어를 세웠습니다."

영국에서는 공동체에 기반한 작은 협동조합 기업이 많이 생겨나고 있다. 마리 퍼비스와 그의 동료 조합원들은 체비엇 케어 협동조합을 결성하는 과정에서 마을 주민뿐 아니라 지방정부와 지역 보건의 간호사, 물리치료사와 다각적으로 협력하는 체제를 구축했다. 이제는 지방정부의 피고용자가 아니라 자신이 운영하는 협

체비엇 케어에서 '돌봄 서비스'를 받는 할머니.(출처 :협동조합 기업 허브)

동조합 기업 체비엇 케어의 주인으로 마을 노인들의 몸과 마음을
쓰다듬고 있다.

"어떤 노인을 돌봐드릴지, 얼마의 시간 동안 어떤 조건으로 서
비스할지, 이제는 모든 것을 우리 스스로 결정할 수 있습니다. 이
번에 협동조합을 만들면서 많은 것을 배웠습니다. 우리가 마음만
먹으면 얼마든지 다른 사람을 도울 수 있습니다."

런던의 '라이브러리 협동조합'은 네 명의 조합원이 도서관 운
영을 지원하는 작은 노동자 협동조합이다. 도서관 운영과 관련해

모든 것을 지원하는 역량을 갖췄다. 목록 작성과 도서 대출, 자료 보관, 디지털 관리 등을 전문적으로 컨설팅하고, 윤리적인 도서관 운영의 노하우도 제공한다. 조합원은 뜻 맞는 도서관 사서와 함께 협동조합 방식으로 공공도서관을 재건하는 일에도 나서는가 하면, 도서관 운영을 위한 무료 소프트웨어 공급에도 힘을 쏟는다. 무료 소프트웨어는 다른 소프트웨어 협동조합과 공동 작업의 산물이다.

"라이브러리 협동조합은 기술이 급속하게 진화하는 도서관 영역에서 강력한 틈새시장을 선점했습니다. 네 명의 조합원은 수요자의 요구를 해결할 수 있는 전문적인 역량이 있습니다. 게다가 이 사람들은 공정한 방식으로 일하고 싶어 합니다." 협동조합기업 허브The cooperative enterprise hub의 브라이언 밀링턴Brian Millongton 자문은 라이브러리 협동조합의 미래를 낙관했다. 그는 사업 계획 작성과 자금 조달 등을 바로 곁에서 도왔던 협동조합 전문가다.

영국 중북부 서해안의 작은 시골 마을 에너데일 브리지Ennerdale Bridge에서는 공동체가 운영하는 협동조합 퍼브(영국의 대중 술집) '폭스앤하운즈the Fox and Hounds'가 탄생했다. 영리기업이 포기한 지역의 작은 사업체를 주민의 공동출자로 떠안은 것이다. 에너데일 브리지에서는 최근 몇 년 사이 우체국과 슈퍼는 물론 버스 운영까지 중단됐

영국의 협동조합 가게. 소매점은 물론 자전거 가게, 꽃집 등 다양한 분야에 협동조합이
진출해있다.

다. 근근이 버티던 민간업자들이 하나둘 손을 떼기 시작한 것이다.

마을 주민의 사랑방 구실을 하던 퍼브가 폐업하기에 이르자, 2010년 12월 에너데일 브리지의 지방정부가 지역공동체의 허브 구실을 하는 협동조합 설립을 추진하겠다는 안을 내놓았다. 마을 주민은 신속하게 의견을 모아 열흘 만에 협동조합 설립 계획을 승인했고, 주민 조합원 182명이 8만 3,000파운드(약 1억 5,000만 원)의 출자금을 조성했다. 협동조합 퍼브인 폭스앤하운즈가 공동체의 허브로 재탄생한 것은 2011년 4월이었다. 폭스앤하운즈의 매니저를 맡은 피터 마허Peter Maher는 "퍼브가 다시 문을 열자, 마을 사람들의 교제가 다시 활발해지는 등 마을 전체에 엄청난 활력이 일어났습니다."라고 말했다.

영국은 협동조합의 원조 국가지만 유럽 대륙보다 대규모 협동조합 기업이 많지는 않은 편이다. 하지만 지역공동체를 이끌어가는 작은 협동조합 기업의 신설 움직임은 활발하게 일어나고 있다. 이를 반영하듯 2010년 영국 협동조합 기업의 평균 성장률은 4.4퍼센트로 영국 전체의 경제성장률(1.3퍼센트)을 크게 웃돌았다. 체비엇 케어의 돌봄 서비스에서 도서관 운영, 마을 술집(퍼브)은 물론이고 자전거 가게, 꽃집에 이르기까지 협동조합이 진출하지 않은 사업 분야가 없을 정도다. 상상력과 열정으로 무장한 작은 협동조합 기업이 공동체에 꼭 필요한 혈액을 공급하는 역할을 자발적으로 수행하는 것이다.

공동체를 지탱하는 영국 협동조합 기업의 역할이 부각되면서 그 산파 노릇을 한 '협동조합 기업 허브'의 존재가 새삼 주목받고 있다. 체비엇 케어, 라이브러리 협동조합, 폭스앤하운즈 같은 혁신적인 신생 협동조합은 협동조합 기업 허브의 도움이 없었다면 세상에 이름을 알리기 어려웠을 것이다. 협동조합 기업 허브는 협동조합 등록부터 협동조합 방식의 자금 조달 방안, 사업 계획 수립에 이르기까지 협동조합 기업을 인큐베이팅하고 지속 가능성을 뒷받침하는 '허브' 구실을 톡톡히 해내고 있다.

'2012년 세계 협동조합의 해' 공식 로고. 아래쪽에 '협동조합은 더 나은 세상을 만듭니다!'라는 캐치프레이즈가 적혀있다.

협동조합 기업 허브라는 아이디어는 500만 조합원이 소속된 영국의 최대 소비자 협동조합인 '코오퍼러티브 그룹The Cooperative Group UK'의 작품이다. 2009년에 출범한 코오퍼러티브 그룹의 협동조합 기업 허브는 2011년까지 521개 협동조합 기업에 설립 및 전환과 관련한 교육·훈련을 제공했으며, 165개의 기존 협동조합에 지속 가능한 성장 프로그램을 제공해왔다. 세계 협동조합의 해인 2012년에는 '협동조합의 르네상스를 구현하자'는 꿈을 꾼다.

코오퍼러티브 그룹은 2012년부터 3년 동안 각 협동조합 기업의 이익금 일부를 갹출해 750만 파운드(약 136억 원)의 기금을 조성하겠다는 구상을 추진하고 있다. 저금리 대출로 신생 협동조합의 설립과 기존 협동조합의 발전을 실질적으로 지원해나가겠다는 것이다. 협동조합 기업 허브는 사회적·윤리적 기여, 젊은이들의 활동 고양, 환경보호와 공동체 발전 등의 가치를 구현하는 협동조합을 지원 대상으로 삼는다. 지역공동체의 필요에서 비롯된 사회·문화·경제적 기업 활동을 '협동조합 간의 협동'으로 풀어나가는 좋은 본보기다.

우리도 협동조합기본법이 제정됐지만, 워낙 협동조합의 불모지여서 건강한 열매를 얼마나 제대로 맺을 수 있을지는 지극히 불투명하다. 협동조합끼리 서로 협동해, 앞에서 끌어주고 뒤에서 밀어주는 한국형 '협동조합 기업 허브'의 탄생을 간절히 바란다.

세상을 바꾼 협동조합 이야기

세계 최초의 성공적인 협동조합, 로치데일 협동조합

세계 최초의 성공적인 협동조합은 1844년 영국의 로치데일에서 생겨났다. 스물여덟 명의 직공이 1파운드씩 출자해 밀가루와 버터, 설탕 등을 바가지 씌우지 않고 판매하는 소비자 협동조합을 세웠다.

로치데일 협동조합의 성공 요인은 두 가지다. 첫째, 초과 이윤을 붙여 바가지를 씌우지 않되 물건을 시장가격으로 판매한다.(원가 경영) 폭리를 취하지 않지만 그렇다고 손해 보면서 팔지는 않는다는 것이다. 둘째, 연말에 남는 잉여금을 조합원의 사용 실적에 비례해 돌려준다.(이용 배당) 정상적인 시장가격으로 판매해 기업 운영의 지속 가능성을 확보하고, 조합원 사용 실적에 비례한 잉여금 배분으로 협동조합의 매출 확대를 촉진했다.

로치데일에 앞서 로버트 오언Robert Owen이 추진한 적자 경영 방식의 협동조합 운영은 실패했다. 협동조합의 선구자인 오언은 시장가격보다 낮은 가격으로 판매했고 결국 기업의 파산을 자초했다.

로치데일은 협동조합의 존재 목적과 경제적 지속 가능성을 잘 조화시킨 대표적인 사례로 꼽힌다. 협동조합의 7대 원칙 중 마지막 지역사회 기여를 제외한 나머지 6개 원칙 또한 로치데일 원칙에 뿌리를 두고 있다. 반면, 오언의 협동조합은 사회를 바꾼다는 이상이 지나치게 앞섰기에, 기업으로서의 지속 가능성이 유지될 수 없었던 교훈적인 실패 사례로 언급된다.

미국의 속살에는 협동조합이 있다

미국의 에이피통신과 글로벌 식품 브랜드인 선키스트, 웰치스 Welchs, 블루다이아몬드Blue Diamond가 협동조합이라는 사실은 이제 우리에게 조금씩 알려지고 있다. 사실 자유를 찾아 신대륙으로 건너온 미국 이민자는 자립과 협동조합 공동체의 문화가 몸에 배어 있다.

"은행계좌 폐쇄하고, 신협으로 옮기자!" 2011년의 월스트리트 점령 시위에서는 협동조합 구호가 크게 터져 나왔다. 페이스북을 통해 이 캠페인을 제안한 크리스텐 크리스천Kristen Christian이라는 여성은 그해 11월 5일을 '계좌 전환의 날Bank Transfer Day'로 선언했다. 크리스천의 주장은 "월마트가 싫으면 동네 슈퍼에서 물건을 사는 것처럼 사람들이 존경할 수 있는 금융으로 돈을 옮기자는 것"이었다. 미국의 신협이 99퍼센트를 위한 '우리 동네 은행'이라는 공동체의 신뢰를 잃지 않았음을 방증하는 사건이었다.

실제로 11월 5일 계좌 전환의 날을 맞아, 그날 하루 동안에만 4만 명이 월스트리트 대형 은행에서 빠져나와 미국 전역의 신협에 새 계좌를 개설한 것으로 보고되었다. 그를 전후한 몇 주 사이에 신협으로 신규 유입된 계좌는 모두 70만 건에 이르는 것으로 추정된다. 미국 신용 협동조합연합회CUNA는 같은 기간에 미국 전체 신협의 예금이 8,000만 달러 늘어나고, 신규 대출이 9,000만 달러 증가했다고 밝혔다.

미국의 신협은 미국에서 가장 큰 협동조합 부문이다. 7,500개의 신협이 사업을 벌이며, 계좌가 있는 조합원이 9,100만 명을 넘는다. 미국민 3.5명 중 한 명이 신협 조합원인 셈이다.

주택과 의료, 전력과 전화 분야 협동조합도 각 지역공동체에 깊이 뿌리내리고 있다. 청교도 정착민이 농촌에 공동으로 집을 짓고 전력을 끌어들이던 협동조합의 전통이 지금껏 이어져오는 것이다. 민간 전력회사가 수익성이 떨어지는 시골 마을의 전기 공급에 나서지 않자, 주민 스스로 출자금을 모아 전기선을 끌어들였다.

미국에서는 프랜차이즈 가맹점의 협동조합 설립도 상당히 일반화되었다. 1991년에 버거킹의 가맹점주들은 버거킹 본사와 함께 식재료 구매를 전담하는 협동조합 기업 알에스아이RSI를 설립했다. 협동조합 설립 제안은 버거킹 본사 쪽에서 먼저 나왔다. 본사에서 공급하는 식재료 가격에 대한 가맹점의 불신이 끊이지 않자, 협동조합 기업을 별도로 세워 구매 업무를 맡기자는 아이디어를 낸 것이다. 물론 1인1표의 정신에 따라 본사도 가맹점주 1인과 똑같은 1표를 행사하기로 했다.

알에스아이의 설립 이후 가맹점의 본사에 대한 불만은 잦아들었다. 또 가맹점주가 알에스아이의 조합원으로 식재료 구매에 적극 관여하면서 실질적인 가격 인하 효과도 나타났다. "우리 가맹점주들에게 구매 권한을 100퍼센트 완전하게 활용할 수 있는 엄청난 기회를 줬습니다. 여태까지 그런 구매력을 행사해본 적이 전혀 없었습니다. 지금의 경쟁 환경을 생각하면 바람직한 진보라고 생각합니다." 딕 포스 가맹점주연합 전 대표의 말이다.

알에스아이는 가맹점주의 적극적인 경영 참여로 1991~1997년 사이에 3억 달러의 비용을 절감하면서 흑자 경영을 이어갔다. 같은 기간에 조합원 가맹점주들에게 5,000만 달러의 출자 배당도 실시했다. 1997년 한 해에 각 가맹점주는 구매단가 인하로 5,399 달러, 알에스아이의 출자 배당으로 1,700달러를 확보해, 한 가게에 평균 7,000달러 이상의 순소득 증가를 누릴 수 있었다.

패스트푸드 프랜차이즈 가맹점에서 구매전담 협동조합을 설립한 선구자는 던킨도너츠Dunkindonuts였다. 1970년대 초반 던킨도너츠는 심각한 위기를 맞았다. 밀과 기름, 설탕 등 주요 원재료 값이 폭등하면서 가맹점의 수익성을 바닥으로 떨어졌다. 이때 던킨도너츠의 경영진에서 위기 돌파 전략으로 내놓은 대안이 가맹점주의 공동출자로 구매전담 협동조합을 설립하자는 것이었다. 실제로 협동조합의 설립으로 가맹점들은 구매단가 부담을 줄여 1970년대의 위기를 이겨내고 이후 수익성을 끌어올리는 데 성공했다.

그 뒤로 미국에서 프랜차이즈 가맹점의 협동조합 설립은 상시적 위기를 관리하고 결함을 극복하는 프랜차이즈 사업의 유력한 전략으로 떠올랐다. 켄터키프라이드치킨KFC 또한 비슷한 구매전담 협동조합을 운영한다.

미국에서는 이른바 '비례 모형'을 채택한 신세대 협동조합이 빠른 속도로 확산되고 있다. 신세대 협동조합은 평등 원칙에서 비례 원칙으로 조직 구조를 전환했다는 점에서 전통적인 협동조합과 뚜렷한 차이가 있다. 1인1표가 아니라 조합원의 이용 규모에 비례해 의결권을 차등화한 것이다. 물론 투자 지분을 기준으로 1주1표를 행사하는 주식회사와는 근본적으로 다르다. 신세대 협동조합의 의결권 행사 또한 투자 지분의 많고 적음과 전혀 무관하다. 단지 조합 사업을 많이 이용하는 사람이 의결권을 많이 행사하도록 하자는 것이다. 그를 통해 사업 참여가 미미한 조합원의 무임승차를 최대한 배제하고 의사 결정의 합리성과 효율성을 높이자는 취지다. 주식회사의 외양을 쏙 빼닮았지만 생산 농가나 소상공인이 주인이라는 대원칙은 굳게 지켰다. 글로벌 대기업과의 시장 경쟁에 맞서는 '시장적 도구'로 신세대 협동조합은 미국과 유럽에서 급속히 확대되고 있다. 신세대 협동조합 중에는 경영 성과를 외부에서 객관적으로 평가할 수 있도록 출자증권의 시장거래를 허용하는 경우까지 생겨나고 있다.

협동조합 기업 랭킹 300

국제협동조합연맹ICA에서는 세계 300대 협동조합 기업의 경영 실적을 집계한 '글로벌 300' 보고서를 발행한다. 2008년 실적을 기초로 분석한 2011년치 최근 자료를 보면, 글로벌 300의 총매출은 무려 1조 6,000억 달러로 집계됐다. 세계 9위 경제대국이라는 스페인의 국내총생산을 능가하고, 8위인 러시아에 조금 못 미치는 엄청난 규모다.

대규모 협동조합 기업이 가장 많이 포진한 분야는 역시 협동조합 전통이 뿌리깊은 농업 쪽이다. 농업 분야 협동조합 대기업의 총매출은 4,720억 달러로 글로벌 300의 28.85퍼센트를 차지했다. 우리의 농협중앙회에 해당하는 일본의 전국농업협동조합연합회(젠노)와 일본의 전국공제생협연합회(젠쿄렌)가 각각 1, 2위에 올랐다. 규모가 가장 큰 젠노의 매출액이 570억 달러(약 64조 원)로 삼성전자 165조 원의 40퍼센트에 육박했다. 3위에는 우리의 농협중앙회가 올라있고, 9위인 뉴질랜드의 낙농 협동조합 폰테라(110억 달러)까지 100억 달러 이상의 매출을 기록했다.

농업 다음으로는 금융과 소매 분야 협동조합의 규모가 두드러졌다. 금융과 소매 분야 글로벌 300 협동조합 기업의 총매출은 각각 4,300억 달러와 3,540억 달러로, 전체의 26.27퍼센트와 21.66퍼센트에 이르렀다. 특히 금융 분야는 매출이 1,000억 달러 이상인 크레디아그리콜Crédit Agricole을 필두로 프랑스 은행이 1~3위를 독점했으며, 네덜란드의 라보방크와 독일의 데체트방크가 각각 4위와 5위에 올랐다.

소매 분야의 소비자 협동조합으로는 독일의 레베ReWe 그룹이 490억 달러 매출로 1위를 차지하고, 그 뒤로 프랑스, 스위스, 영국, 핀란드 등의 유럽 협동조합들이 10위까지 늘어섰다. 미국의 최대 소비자 협동조합인 웨이크펀푸드Wakefern Food는 84억 달러 매출로 11위에 올랐다.

농업, 금융, 소매 분야를 뒤이어 보험 협동조합이 2,820억 달러의 사업 규모로 글로벌 300 총매출의 17.23퍼센트를 점유했다. 이밖에 노동자 협동조합이 350억 달러, 건강(의료) 협동조합이 270억 달러의 총매출을 기록했다.

세계 300대 협동조합 기업의 총매출

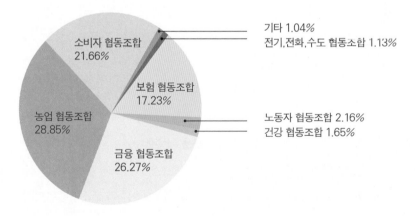

세계 300대 협동조합 기업 중 농업, 금융, 소비자 분야 상위 20개 기업의 매출은 다음과 같다.

농업 분야 매출

(단위 : 10억 달러)

순위	협동조합 명	국가	총매출
1	Zen-Noh (National Federation of Agricultural Co-operatives)	일본	56.99
2	Zenkyoren	일본	52.33
3	농협	한국	32.39
4	CHS inc	미국	32.17
5	Covea	프랑스	17.74
6	BayWa Group	독일	12.24
7	Land O'Lakes	미국	12.04
8	Dairy Farmers of America	미국	11.82
9	Fonterra Co-operative Group	뉴질랜드	11.34
10	Arla Foods	덴마크	9.25
11	Metsäliitto	핀란드	8.96
12	Danish Crown	덴마크	8.78
13	AGRAVIS Ralffeisen AG	독일	8.09
14	Suedzucker	독일	8.05
15	China National Agricultural Means of Production Group Corporation	중국	7.77
16	Invivo	프랑스	7.35
17	DLG Group	덴마크	7.03
18	Growmark Inc	미국	6.73
19	Lantmännen	스웨덴	5.44
20	Coopératif Terrana Group	프랑스	5.43

금융 분야 매출

(단위 : 10억 달러)

순위	협동조합 명	국가	총매출
1	Crédit Agricole Group	프랑스	103.58
2	Group Calsse D'Epargne	프랑스	58.54
3	Confédération Nationale du Crédit Mutuel	프랑스	56.69
4	Rabobank Group	네덜란드	43.00
5	DZ Bank Group	독일	30.76
6	Groupe Banques Populaires	프랑스	29.39
7	Nationwide Building Society	영국	14.88
8	RZB	오스트리아	14.83
9	Desjardins Group	캐나다	8.98
10	OP Bank Group	핀란드	7.64
11	SNS REAAL	네덜란드	7.17
12	Shinkin Central Bank	일본	5.34
13	WGZ Bank	독일	5.20
14	Federal Farm Credit Banks Funding Corporation	미국	4.70
15	AgriBank, FCB	미국	4.22
16	Swiss Union of Raiffeisen Banks	스위스	4.12
17	Britannla Building Society	영국	3.24
18	Cobank	미국	2.77
19	Navy federal Credit Union (NFCU)	미국	2.77
20	Taiwan Co-operative Bank	대만, 중국	2.43

소비자 분야 매출

(단위 : 10억 달러)

순위	협동조합 명	국가	총매출
1	ReWe Gruop (Zenrtal-AktiengesellschaFU)	독일	49.60
2	E. Leclerc(S.C. Galec)	프랑스	48.30
3	Système U	프랑스	24.95
4	Migros	스위스	24.12
5	Edeka Zentrale AG	독일	22.21
6	Coop Swiss	스위스	17.12
7	The Co-operative Group	영국	15.25
8	SOK Corporation	핀란드	12.41
9	John Lewis Patnership PLC	영국	10.18
10	Edeka Minden eG	독일	8.74
11	Wakefern Food Gorp.	미국	8.40
12	Federated Co-operative Limited	캐나다	6.86
13	Associated Wholesale Grocers	미국	6.85
14	Coopérative d'Exploitation et de Répartition Pharmacieutiques de Rouens	프랑스	4.89
15	KF Group (The Swedish Co-operative Union)	스웨덴	4.55
16	Groupe Chèque Déjeuner	프랑스	4.50
17	Ace Hardware	미국	3.86
18	Unicoop Firenze	이탈리아	3.43
19	Noweda eG Apothekergennossenschaft	독일	3.42
20	HAGe Kiel (RHG Nord)	독일	3.13

협동조합,
어떻게 할 것인가

2

한국 협동조합의 현주소를 밝히다

유럽과 오세아니아, 북미를 돌아 이제 우리나라로 돌아왔다. 우리나라를 대표하는 협동조합이라면 한살림과 아이쿱 같은 생협을 가장 먼저 꼽는다. 또 협동조합 생태계의 새로운 역사를 열어가고 있는 원주 지역을 빼놓을 수 없다. 세계 농업 협동조합 중에 세 번째로 큰 규모를 자랑하는 우리의 농협은 협동조합 무대에서 존경받지 못하고 있다.

우리에게는 원주가 있다, 협동조합의 메카

이탈리아에 볼로냐가 있고 스페인에 몬드라곤이 있다면 우리나라에는 강원도 원주가 있다. 몬드라곤은 1956년에 스페인 바스크 지역의 소도시 몬드라곤에서 시작한 협동조합 복합체다. 스페인에서 10위 안에 드는 대기업으로 성장해, 255개 사업체에 8만 5,000명을 고용하고 있다. 2008년 글로벌 금융 위기 때도 해고 없는 성장을 지속하면서 전 세계의 주목을 받았다.

규모와 역사에서 비할 바가 못 되지만 볼로냐도 몬드라곤도 그 시작은 미약했다. 원주는 맹아 단계를 벗어나려는 우리나라 협동조합의 희망이다. 거북이처럼 느릿느릿, 소처럼 뚜벅뚜벅 '한국형 협동조합 생태계'의 새로운 역사를 열어나가고 있다.

"여기는 내 집 안방이야. 원장 선생님은 아들이지. 우리 같은 노인네가 귀찮게 묻고 또 물어도, 씩 웃으면서 '할머니, 괜찮아요' 한다니까. 따뜻한 말 한마디에 병이 싹 달아나. 큰 병원 갈 일이 없어. 거긴 의사 선생님이 무서워. 내가 무슨 병인지 일러주지도 않고 약만 한 보따리 안겨주잖아. 여기는 꼭 필요한 약만 처방해."

원주 단구동에 가면 원주의료생활 협동조합에서 운영하는 특별한 병원이 있다. '우리동네의원'이다. 20제곱미터 남짓한 대기실에서 할머니를 붙잡고 말을 붙이자 원장님 칭찬을 속사포처럼 쏟아냈다. '우리 병원' 자랑이었다. 바로 옆의 할머니는 "고마운 원장님이고, 고마운 병원"이라고 거들었다. 원장 선생님은 환자들과

보통 20~30분씩 대화를 나눈다. 시시콜콜한 집안 이야기도 들어 주고 먼저 묻기도 한다.

대기실 벽의 제일 보기 좋은 자리에 '환자의 권리 장전'이 걸려 있다. 모든 환자는 담당 의료진으로부터 자신의 질병에 관한 현재의 상태, 치료 계획 및 예후에 관한 설명을 들을 권리와 검사 자료를 요구하고 시행 여부를 선택할 권리가 있다는 내용이다. 어떻게 이런 일이 가능할까. 할머니 환자들이 원주의료 생협의 주인이기 때문이다. 원주의료 생협은 2,300여 조합원의 출자금으로 세워졌고 운영된다. 조합원이 환자이자 출자자, 곧 주인이다.

원주의료 생협 사무국이 있는 건물의 지하에는 유기농산물을 판매하는 원주한살림이 있다. 대한민국 유기농을 상징하는 한살림 생협의 전국 1호점이다. 한살림은 농민 조합원이 생산한 안전한 농산물을 중간 단계 거치지 않고 판매한다. 소비자 조합원들은 "한살림이니까 무조건 믿는다."라고 한다. 한살림 매장은 원주에만 다섯 곳이 있다.

조합원이 쑥쑥 늘어나면서 원주의료 생협과 한살림의 살림살이도 나아지고 있다. 원주의료 생협의 2011년 매출은 11억 6,000만 원으로 1년 사이 23퍼센트 증가했다. 조합원이 5,800여 명인 원주한살림은 2011년에 39억 원의 매출을 올려 한 해 전보다 16퍼센트 성장했다.

원주의 협동조합들은 지역사회 일에도 발 벗고 나선다. 의료생협은 2011년에 형편이 어려운 120가구의 집을 수리해줬다. 저소득층을 위한 방문 진료를 실시하고 당뇨병과 고혈압 환자를 위한 건강교실을 운영한다. 한살림은 매년 잉여금의 10퍼센트를 다른 협동조합을 지원하는 데 쓴다.

원주 협동조합의 맥을 지킨 맏형이자 1세대는 1971년에 서른두 명의 주민 출자로 설립된 밝음신협이다. 서민의 고리채 해결에 앞장섰던 밝음신협은 처음부터 단순한 금융기관이 아니었다. 주민과 함께하는 공동의 조직이었다. 1985년 한살림생협이 출범할 때는 홍보와 조합원 가입 유치를 주도해, '협동조합 간의 협동'을 원주의 기풍으로 정착시켰다. 2002년에는 원주의료 생협을 탄생시켰다. 이때도 밝음신협, 원주한살림, 원주생협 등 일곱 개 단체의 공동출자가 기반이었다.

이제 원주는 '한국 협동조합의 메카'로 불린다. 원주의 협동조합을 보기 위해 박재완 기획재정부 장관도, 농촌 지역의 마을 사무장도 찾아온다. 비결은 협동조합들이 서로 협동한다는 것, 협동조합 생태계를 만들어간다는 것이다.

원주에서는 2003년에 여덟 개 단체가 모여 원주협동조합운동협의회를 조직했다. 2009년에는 열아홉 개의 협동조합과 사회적 기업이 '원주협동사회경제네트워크'로 진화했다. 네트워크에 소속된 회원이 3만 5,000여 명으로 원주 인구 32만 명의 11퍼센트고, 연간 총매출액 184억 원에 고용 인원이 388명에 이른다. 신용 협동조합(신협), 의료 생협, 한살림생협, 공동육아 협동조합, 교육 협동조합, 영농 조합법인 등 이곳의 협동조합은 모두 네트워크에 참여했다. 원주에서 협동조합원이 되면 먹을거리를 사고, 아플 때 치료받고, 아이를 맡기고, 필요한 돈을 빌리는 일을 '네트워크' 안에서 모두 해결할 수 있다.

앞서 만들어진 협동조합은 일부 사업 부문을 분사하거나 새 사업을 인큐베이팅하는 식으로 새로운 협동조합의 싹을 틔웠다. 공동 사업이나 상호 사업 지원을 통해 협동조합 경영을 조기에 안착시키는 사례도 생겨났다. '협동조합 간의 협동'이 창조적으로 진화하면서 원주의 문화와 전통으로 뿌리내리기 시작했다.

장애인과 고령자를 고용해 친환경 떡을 생산하는 '행복한시루봉'이 좋은 사례다. 가톨릭농민회와 삼도생협에서 저렴한 원재료를 공급받고 원주한살림이라는 안정적인 판로를 보장받았다. 행복한시루봉은 출범 2년 만인 2011년에 손익분기점을 넘어섰다. 생태건축협동조합 '노나메기'는 시공 매출의 80퍼센트를 네트워크의 내부 거래를 통해 올린다. 행복한시루봉과 노나메기를 인큐베이팅한 것은 네트워크 소속의 원주지역자활센터였다.

2003년에 설립한 공동육아 협동조합 '소꿉마당'은 원주생협과 원주한살림의 지원을 톡톡히 받았다. 두 협동조합의 그늘이 없었다면 친환경 급식체계를 짤 수 없었을 것이다. 누리협동조합과 갈거리협동조합은 빈곤층과 노숙인을 대상으로 대출 사업을 벌이는 원주만의 독특한 금융기관이다. 법인격이 없어 신용 사업 추진이 불가능해, 밝음신협이 업무 협약을 통해 사업의 길을 터주었다.

원주시는 전국에서 가장 앞서 학교급식조례, 친환경농업지원육성조례, 보육조례를 제정했다. 협동조합 간의 협동이 없었다면 불가능했을 일이다. 협동조합들은 화상경마장 유치 반대, 원주시 예산 감시, 재개발 반대 같은 지역 현안 이슈에 공동으로 머리띠를 매고 나선다. 네트워크의 정기총회와 체육대회, 송년의 밤 행사도 함께 연다. 월간 공동신문인 〈원주에 사는 즐거움〉은 이들을 한데 묶어주는 든든한 고리다.

원주의 협동조합들은 2012년부터 해마다 이윤의 5퍼센트씩을 걷어 '협동기금'을 조성하는, 작지만 소중한 첫걸음을 뗐다. 협동조합 신설과 사업 확장을 지원하고, 이웃 협동조합이 어려울 때 공동의 힘으로 극복해나가겠다는 뜻이다. 몬드라곤의 협동조합 은행인 노동인민금고를 꿈꾸는 것이다.

김기태 한국협동조합연구소장은 "원주의 협동조합 생태계는 어렵게 이뤄낸 소중한 자산이지만, 아직 그 규모는 지역 총생산의 0.36퍼센트에 그치고 있"는데, "덩치 큰 농협이 '협동조합 간의 협동'에 참여하지 않았고, 금융 기반도 약하기 때문"이라고 말했다.

최혁진 한국사회적기업진흥원 기반조성본부장도 원주의 협동조합 금융 기반이 취약하다는 한계를 지적했다. "협동조합 생태계가 발전한 세계 각국의 사례를 살펴보면 협동조합 창업을 인큐베이팅하고 사업 자금을 지원하는 강력한 협동조합 은행의 존재가 있었습니다. 몬드라곤 또한 노동인민금고에서 본격적인 기업 지원에 나선 1970년대 이후부터 눈부신 성장을 이어갔습니다."

협동조합 기업의 치명적인 약점은 자금 조달이다. 조합원에게 물건을 값싸게 판매하니 당기순이익이 좋게 나올 리가 없다. 협동조합은 농민 조합원의 농산물을 비싸게 사주려 하지, 자기 이익을 많이 남기려 하지 않는다. 통상적인 기업 실적이 좋게 나올 리가 없고, 당기순이익을 따지는 투자자나 은행이 쉽게 자금을 내놓을 리가 없다.

그래서 협동조합 성공 요인의 제1장은 '협동'이다. 조합원이 공동 행동(협동)을 하고, 그 조합원의 협동조합끼리 또 협동하는 것이다. 서로 밀어주고 당겨주는 그런 생태계의 구축 말고는 성공을 약속하는 보증수표가 없다. 스페인의 몬드라곤, 이탈리아의 볼로냐가 협동조합의 '성지'로 추앙받는 것은 사업과 자금을 '호혜'하는 협동조합 생태계를 만들어냈기 때문이다.

"원주 협동조합들의 네트워크를 공고히 해야지요. 원주를 스페인의 몬드라곤처럼 만들고 싶습니다." 김선기 원주협동사회경제네트워크 사무국장의 옹골찬 꿈이다.

생활 협동조합이 있어 소비자는 행복하다

2010년 9월 27일, 배춧값이 1만 5,000원으로 치솟았다. 최저가를 자랑하던 이마트와 롯데마트에서도 그 값에 배추를 내놓았다. 같은 날 한살림과 아이쿱생협 매장에서는 2,000원에 못 미치는 평소 가격 그대로 배추를 팔았다. 한살림과 아이쿱의 저가행진은 그해 김장철까지 이어졌다. 배추뿐만 아니라 무, 대파, 마늘 같은 김장 채소류를 한 해 전보다 평균 7퍼센트 오른 값으로 공급했다. 대형마트와 재래시장의 가격 상승폭은 두 자릿수를 훨씬 넘어섰다. 당시 7퍼센트가 농촌 인건비 상승폭이었다는 점을 감안하면, 실질적으로는 가격을 동결했던 셈이다.

이듬해 5월, 이번에는 배춧값이 거꾸로 폭락했다. 생산지의 배추 한 포기 값이 300원까지 떨어졌다. 농민들은 배추를 거둬들일 인건비가 안 나온다고 피눈물을 쏟으며 밭을 갈아엎었다. 그때 생협과 거래하는 농가들은 정상적으로 배추를 수확할 수 있었다.

애초 계약한 대로 한 포기당 1,000원을 지급받았기 때문이다.

남들이 비싸게 팔 때 싸게 팔고, 남들이 물건을 싸게 사들일 때 비싸게 사들인다. 이렇게 하고도 전국의 생협 매장은 하나도 문을 닫지 않았다. 오히려 가파른 상승세를 지속해서 이어가고 있다. 그 비결이 무엇인가?

"친환경 생산 농가와 윤리적 소비자 사이에 오랫동안 쌓아온 신뢰의 힘이 가장 어려운 시기에 빛을 발했습니다." 생협 쪽 사람들이 이구동성으로 하는 말이다. 시중 가격이 급등하더라도 생산 농가에서 애초 계약했던 낮은 가격으로 그대로 공급해준다는 것이다. 반대로, 시중 가격이 폭락했을 때는 생협 쪽에서 농가에 원래 계약했던 높은 가격을 그대로 지불해주었다. 신뢰가 더 큰 신뢰를 낳는 이런 상생의 선순환이 오래 이어지면서, 농가는 가격 폭락기에 밭을 갈아엎지 않아도 되고 생협은 도시 소비자의 큰 환영을 받을 수 있게 됐다.

또 하나는 '가격안정기금'의 존재다. 생협은 조합원이 제품을 구입할 때마다 일정 금액을 가격안정기금으로 적립한다. 평시에는 정상적으로 거래하다가 가격이 걷잡을 수 없을 정도로 급등락한다 싶으면, 이 기금을 풀어 대응한다. 소비자 판매 가격을 낮추거나 생산자 구매 가격을 끌어올리기 위해 생협에서는 기꺼이 손해를 감수한다. 그리고 가격안정기금으로 그 손해를 보전한다. 아이쿱은 2010년 배추 한 포기가 1만 5,000원까지 폭등했을 때 가격안 정기금 4억 원을 풀었다. 배춧값을 2,000원 이하로 유지하기 위한 긴급 실탄이었다.

소비자의 믿음이 쌓이면서 한살림과 아이쿱 같은 생협은 활황을 맞았다. 먹을거리에 대한 의구심이 커진 것도 안전한 식품을 공급하는 생협의 가치를 더 빛나게 했다. 생협의 전체 조합원 수는 2008년 32만 명에서 2011년 63만 명으로 3년 만에 거의 두 배나 급증했다. 연 매출은 아이쿱이 2008년 1,301억 원에서 3,000억 원으로 2.3배, 한살림이 1,326억 원에서 2,200억 원으로 1.6배 불어났다. 동네 주부 사이에 신뢰의 입소문이 퍼지면서 광고비 들이지 않고 충성고객을 계속 충원하고 있다.

아이쿱생협연합회 이정주 전 회장을 만나다

이정주 전 회장은 서울 양천생협에서 조합원 생활을 시작해 2004년 초에 아이쿱생협연합회장에 선출됐다. 2011년 초까지 회장을 6년여 맡는 동안 친환경 무상급식, 유전자조작 식품 반대, 우리 쌀과 우리 밀 지키기, 공정무역 등의 윤리적 소비 운동에 많은 관심을 기울였다.

Q 2010년 배추파동 때 한 포기 1만 5,000원 하는 '금배추'를 1,000원대의 평소 가격에 팔았습니다. 어떻게 그런 일이 가능했을까요?

A 어려운 일이 아닙니다. 우리는 그런 때에 대비해 소비자 회원과 생산자가 매달 가격안정기금을 조금씩 모아 30억 원을 적립해두었습니다. 그중에서 4억 원을 풀었지요. 그 덕에 소비자에게는 싼값에 공급하면서도, 생산자에게는 제값을 보장해줄 수 있었습니다. 또 하나는 직거래입니다. 배추는 밭떼기 산지 수집상에서 경매시장을 거치는 다단계 유통망을 타게 됩니다. 올해처럼 수급 불안이 일어나면 중간 마진이 치솟기 마련이잖아요? 저희는 수년에서 10년 이상 거래해온 생산자에게서 미리 계약된 가격으로 직접 물건을 공급받습니다. 값이 안정될 수밖에요. 결국 가격안정기금의 적절한 적립과 운용, 상품의 직거래, 이 두 가지가 우리 아이쿱의 핵심입니다. 정부도 그런 식으로 하면 됩

니다. 당장 급하다고 중국산이나 찾고, 그건 아니잖아요?

Q   배추파동 때 "농협은 어디에 있느냐?"라는 질책이 많이 나왔습니다.

A   직접 생협 활동을 하다보니 그런 지적이 더 피부에 와 닿습니다. 농협
    은 국가기관이라 할 정도로 법과 예산 지원을 많이 받잖아요? 비교할
    수 없을 정도로 규모도 크고요. 할 수 있는 일이 정말 많을 텐데, 왜 제
    구실을 못하는지 답답합니다.

Q   우리 사회에서도 생협 운동이 자리 잡아가는 것 같습니다. 아이쿱 조
    합원이 15만 명을 넘고, 연 매출이 3,000억 원을 넘었습니다.

A   아이쿱과 다른 생협을 통틀어 조합원 수가 63만 명으로 이제 인구의
    1퍼센트를 넘었습니다. 한참 멀었지요. 이웃 나라인 일본만 해도 생협
    조합원이 2,200만 명으로 인구의 17퍼센트에 이릅니다. 스위스는 인
    구 700만 중 500만 명이 미그로와 코프스위스라는 양대 생협의 조합
    원입니다. 2008년에는 코프스위스에서 카르푸 매장 열두 개를 한꺼
    번에 인수하는 '사고'를 치기도 했습니다. 우리는 생협 하면 친환경 농
    산물을 떠올리는데, 선진국 생협에서는 공산품과 의류 등 모든 제품
    을 취급합니다. 만시지탄이지만 지난해부터 우리 생협에서도 모든 제
    품을 공급할 수 있도록 생협법이 개정됐습니다. 억지 빗장이 풀린 셈
    이지요.

Q 선진국보다 협동조합 활동이 미미한 이유를 어떻게 설명할 수 있을까요?

A 협동조합도 엄연한 사업체라는 사실을 사람들이 곧잘 망각합니다. 일종의 공동체라는 인식이 앞서다보니 경영과 효율성을 강조하면 거부감이 일어납니다. 협동조합은 생산자나 소비자 다수가 대기업의 독과점에 맞서는 시장적 도구입니다. 공동체로서의 가치를 존중해야 하지만, 경영 마인드가 없으면 성공할 수가 없습니다. 사업을 통해서 운동하는 도구라고 할 수도 있겠지요. 비판에 그치지 않고 이마트와 같은 대기업과 시장에서 경쟁할 수 있는 현실적인 대안 운동입니다. 협동조합의 자유로운 설립을 막는 우리의 법 체제도 문제였습니다. 이제 협동조합기본법이 제정됐으니, 큰 족쇄는 풀린 셈입니다.

Q 아이쿱생협을 이룬 가장 큰 힘은 무엇이었나요?

A 1997년에 경인 지역의 여섯 개 생협이 힘을 합쳐 지금 아이쿱의 전신인 경인 지역 생협연대를 세웠습니다. 시민운동에서 사업체로 진화하는 첫걸음을 뗐던 거죠. 외환 금융 위기 상황에서 살아남기 위해 과감한 '경영 혁신'을 단행했습니다. 조합원이 통합 전산망으로 주문하면 산지에서 공동 물류망을 통해 가정으로 곧바로 배송하는 직거래 체제를 처음 구축했습니다. 또 출자금과 별도로 월 회비(당시 2만 5,000원)를 받자는 획기적인 아이디어를 실행에 옮겼습니다. 대신 회비를 내는 조합원에게는 10~15퍼센트 물건을 싸게 구입할 수 있는 혜택을 주었

지요. 회비 수입의 증가는 재정적 안정이라는 엄청난 결과를 낳았습니다. 지금(2011년) 우리 생협에는 적자 매장이 없습니다. 회원 수가 늘어나면서 월 회비도 1만 3,000원에서 1만 원까지 낮추었습니다.

Q 경영 혁신만으로는 지금의 아이쿱을 설명하기는 어려울 것 같은데요.

A 역시 신뢰가 바탕이 됐습니다. 그런데 신뢰를 쌓는다는 것이 여간 어려운 일이 아닙니다. 생산자도 소비자도 많은 교육을 받습니다. 서로 이해관계를 공유해야 신뢰도 생기거든요. 무엇보다 생산자가 소비자와의 약속을 지키는 것이 가장 중요합니다. 생산자는 당장 많이 팔려고 생각할 것이 아니라 소비자와 함께 간다는 전략을 이해해야 합니다. '지금 조금 손해를 보더라도 이렇게 하면 나중에 이익이 더 늘어나겠구나.' 이런 생각을 공유해야 합니다. 그래서 신뢰를 깨는 '불신행위'에 대해서는 매우 엄격하게 대합니다. 농약 규정을 어긴 농가가 나오면 작목반 전체가 공동 책임을 지게 합니다.

농협, 협동조합의 심장이 뛰지 않는다

규모만 놓고 보면 농협중앙회는 엄청나게 크다. 전 세계 농업계 협동조합을 통틀어 세 번째로 크다. 일본의 전국농업협동조합연합회(젠노)와 전국공제생협연합회(젠쿄렌) 다음이다. 하지만 협동조합 무대에서 농협은 존경받지 못한다. 협동조합의 가치와 기풍이 없기 때문이다. 덩치만 큰 공룡이다. 관료 조직보다 더 관료 같다.

당장 들판에 나가 농민들 말 몇 마디만 들어보면 안다. 농협이라고 운을 떼기가 무섭게 막말이 튀어나온다. '걔들이 은행원이지, 농민 편 절대 아니유', '농민 다 죽고, 농협만 돈 벌어예', '조합장, 그게 세상에서 제일 좋은 직업이라니께', ……. 농협 직원은 협동조합이 뭔지 잘 모른다. 그저 좋은 은행으로 알고 출근한다. 승진시험 준비하느라 농협법을 공부할 뿐, 협동조합의 진정한 가치를 이해하는 직원은 극소수에 불과하다.

주인이라는 농민 조합원도 별반 다르지 않다. 대의원 조합원조차 협동조합의 원칙과 경영을 제대로 교육받지 못했다. 협동조합을 잘 모르니 협동조합의 심장이 뛸 리가 없다. 국제협동조합연맹이 1995년 맨체스터 총회에서 정한 7대 원칙을 농협 스스로 존중하지 않는다. 다섯 번째 원칙인 '조합원과 대표자 및 직원에 대한 교육과 훈련을 제공해야 할 책임'을 철저히 무시한다.

가장 나쁜 것은 협동조합의 심장이 뛰지 않는다는 것이다. 자신의 뿌리가 어디에 있는지 알지 못한다. 농협은 편리할 때만 협동조합의 가면을 쓴다. 2012년에 금융 사업과 경제 사업(농산물 판매 사업)을 분리하면서 농협은 5조 원에 상당하는 자본금 확충을 정부에서 지원받았다. 막강한 정치권 로비력을 총동원해 더 많은 정부 지원을 압박했다. 그렇게 스스로 관치농협의 정체성을 붙잡으려 한다. 협동조합은 자립이 생명이다. 그래야 자율을 내세울 수 있다. 자립하지 않으면서 자율을 달라고 한다면, 정직하지 못할뿐더러 협동조합의 원칙에도 어긋난다.

덴마크의 협동조합 은행 메르쿠르의 메테 튀센은 다른 은행보다 상대적인 급여가 낮았지만 아랑곳하지 않았다. 자부심이 가득했다. "우리 은행에서는 가치가 급여의 일부예요." 덴마크 노동자 협동조합연합회의 임원인 수사네 베스트하우젠의 소신은 "백만장자가 되려면 협동조합하지 말라."라는 것이었다. "다국적 기업은 이윤만 생각하지만 협동조합에서는 이윤보다 사람을 중요하게 여겨요." 이탈리아 낙농 협동조합 그라나롤로의 잔 피에로 칼촐라리 대표의 말이다. 이 사람들은 모두 협동조합의 심장이 뛰고 있었다. 농협에 없는 것이 바로 그 협동조합의 심장이다.

농협은 '그들만의 리그'다. 농협의 조직은 난해하다. 농민조합원들이 읍·면의 1,167개 회원조합을 세우고, 이들 회원조합의 출자로 다시 농협중앙회가 구성됐다. 중앙회 산하에 금융지주와 경제지주가 있고, 그 아래에 은행과 보험, 유통, 비료 등 여러 자회사가 늘어서있다. 시골 농협의 대의원 조합원이 농협은행의 경영에 대해 의견을 내고 싶다고 하자. '조합원 → 회원조합 → 농협중앙회 → 엔에이치NH금융지주 → 엔에이치농협은행'까지 네 단계를 거쳐야 한다. 이렇게 복잡하니 조합원의 주인의식을 기대할 수가 없다.

농협중앙회는 이미 시골의 조합원에게는 아득히 멀고 높은 곳에 있다. 모래알처럼 흩어져있는 회원조합장들이 주인 구실을 대신할 길은 사실상 막혀있다. 농협은 소수 거물급 조합장과 중앙회 직원의 좋은 직장, 정부 공무원의 요긴한 통제장치로 전락했다. 농협중앙회장은 말만 비상근이고 명예직이지, 고액연봉과 권력을 한 손에 다 쥐고 있다.

네덜란드 라보방크의 조직도는 모양이 인상적이었다. 역피라미드였다. 맨 위에 180만 명의 조합원이 있고, 중간에 141개의 지역 라보방크, 한 개의 중앙 라보방크가 맨 아래에 그려져 있었다. 우리로 치면, 농협중앙회가 중앙 라보방크고 1,167개의 회원농협이 지역 라보방크에 해당한다. 라보방크 사람들은 조합원에서 지역 라보방크로, 다시 중앙 라보방크로 올라가는 상향식 민주적 의사 결정 구조를 생명처럼 소중히 여겼다. 캐나다의 엠이시 사람들은 "엠이시를 세운 여섯 명의 설립자나 방금 가입한 새 조합원이나, 똑같이 1인1표의 권리를 가진다."라고 말했다. '모두 똑같다'는 데에 큰 자부심을 나타냈다. 조합원에 의한 민주적 통제는 협동조합의 두 번째 원칙이다. 농협에는 조합원다운 '조합원'도, '민주적'인 '통제'도 없다. 농협중앙회장은 삼성그룹의 이건희 회장 못지않은 절대권력을 휘두른다.

스위스의 미그로와 코프스위스는 국민의 사랑을 듬뿍 받는다. 미그로를 설립한 고트리브 두트바일러는 여론조사에서 '스위스 역사상 가장 중요한 인물' 2위에 올랐다. 볼로냐 사람들은 "그라나롤로는 지역사회의 것이고, 그라나롤로 우유는 집에서 만든 우유"라고 말했다. 우리의 전국농민회총연맹(전농)에 해당하는 뉴질랜드 농민연합의 제임스 휴튼 회장은 "폰테라가 있어서 우리 농민이 행복하다."라고 말했다. 우리에게도 그런 날이 올 수 있을까?

조합원도 소비자도 '우리 농협'이라는 마음이 없다. 농협이란 단어는 무미건조하다. 사랑과 감동을 일으키지 않는다. 자업자득이다. 농협중앙회의 간부들은 농민에게 군림했지, 더 아래로 내려가지 않았다. 전산 사고가 나면 은폐하고 감추고……. 투명성과는 거리가 멀었다. 친환경 학교급식을 하자고, 농협이 먼저 팔 걷어붙이고 나서지 않았다. 원주와 홍성에서 어렵게 협동조합 생태계를 이끌어갈 때도 농협은 강 건너 불 보듯 했다. '협동조합 간의 협동'이란 개념이 농협에는 처음부터 없었다. 2012년 세계 협동조합의 해를 알리는 일에 농협은 뒷짐을 졌다. 협동조합기본법 제정이 추진되자, 옹졸하게도 '나한테 불리하지 않을까'만 따졌다.

스위스에는 '우리 미그로'가 있지만 우리나라에는 '우리 농협'이 없다. 농협은 다른 협동조합과 함께하고 지역사회와 한몸이 되는, '큰 협동'의 가치를 실천하지 못했다. 농협을 사랑하는 마음이 생겨날 수가 없다.

사실 농협의 역사에서 협동조합의 원칙이 작동했던 적이 있었던가? 농협은 탄생부터 농민의, 농민에 의한, 농민을 위한 조직이 아니었다. 또 하나의 행정기관이었다. 농민 출자금도 자발적으로 낸 것이 아니었다. 추곡수매 자금의 일부를 강제로 떼어 갔다. 1961년 설립 이후 직선제가 도입된 1990년까지 30년 동안은 정부가 농협중앙회장과 단위조합장을 임명했다. 관치농협의 뿌리가 깊을 수밖에 없다. 직선제 이후에는 임직원을 위해 돈놀이하는 금융기관으로 전락했다.

농협이 잘못한다고 농협을 버릴 수는 없다. 협동조합 없이 농업이 잘된 나라를 보지 못했다. 농협이 다시 관치로 돌아갈 수 없다면, 선택은 외통수이다. 이제부터라도 협동조합의 정체성과 원칙을 찾아야 한다. 협동조합이다!Stupid, it's Coop!

희망의 싹은 엿보인다. 2009년에 시작한 농협의 '케이K-멜론' 사업을 보자. 이미 전국 멜론 농가의 절반이 참여해 국내 멜론 생산량의 3분의 2가량을 '케이-멜론' 브랜드로 출하한다. 생산부터 출하까지 농협에서 꼼꼼하게 공동관리하면서 품질이 높아졌고 더 높은 가격을 받을 수 있게 됐다. 2012년의 매출 목표만도 200억 원에 이른다. 소비자는 믿을 수 있는 멜론을 구입하고, 농민은 안정적으로 높은 소득을 보장받는 선순환 모델이다.

경기도 안성시 고삼면의 고삼농협은 10년 이상 세상을 앞서나가며 새로운 사업을 개척한 협동조합계의 '작은 거인'이다. 1997년에 33만 제곱미터 이상의 농지에서 대규모 친환경 영농을 하는 최초의 면으로 주목받았다. 2012년에는 면 전체 350농가 중 200농가 이상이 친환경 농사를 짓는 마을로 발전했다. 2000년에 시작한 고삼농협의 농기계 임대 사업은 정부가 추진 중인 농기계은행사업의 벤치마킹 모델이 됐다. 영세농에 한우 번식우 두 마리를 무상 제공해 자립할 길을 열어주는 '비빌 언덕 만들기' 사업도 자리를 잡았다.

이제 무엇을 어떻게 할 것인가? 어떻게 하면 진정한 협동조합으로 거듭날 것인가? 농민 조합원의 대리인에 불과한 농협중앙회가 기득권을 포기하는 것에서 출발해야 한다. 자금과 인사를 모두

틀어쥐고 하향식으로 군림하는 지금의 농업중앙회를 폐지하겠다는 결단이 요구된다. 농민 조합원이 주인임을 인식하고 주인의 권한을 행사할 수 있도록 지배 구조의 틀을 새로 짜야 한다.

농협중앙회는 지역조합의 이익을 대변하는 연합회 조직으로 전환하고, 중앙회가 보유한 농협금융지주의 출자 지분을 조합원의 소유로 돌려야 한다는 대원칙을 다시 새겨야 한다. 이헌목 한국농산업경영연구소장은 《한국농업 희망솔루션》(한국농어민신문, 2012)에서 농협개혁의 방향을 분명하게 제시했다.

"통합금융회사의 지분을 농민 조합원에게 배분해야 한다. 세계적인 통합금융회사의 주인을 명백히 밝혀야 한다는 말이다. 그래서 금융 사업의 막대한 수익금이 중간으로 새지 않고, 농업과 농민의 어려움을 더는 데 쓰이도록 해야 한다."

전국농민회총연맹 같은 농민 단체도, 민간농업정책 싱크탱크인 지에스앤제이GS&J의 이정환 이사장 같은 전문가도 농협중앙회가 보유한 금융지주 지분을 지역농협 또는 농민 조합원의 몫으로 넘겨야 한다는 데 한목소리를 낸다.

농협 조직을 지금 이대로 방치하면 엔에이치농협은행과 엔에이치농협보험은 일반 시중은행이나 주식회사, 보험회사와 다를 바가 없어질 것이다. 농협은 농민과의 거리가 점점 멀어지고 있다.

심부름꾼인 농협중앙회 및 농협금융회사 직원과 금융감독당국의 공무원이 농민 조합원의 권한을 '남용'하는, 가짜 협동조합 자회사의 길을 이미 걸어가고 있다.

농협제자리찾기국민운동의 최양부 전 대표는 국가 주도로 또는 민간 협동조합 진영 공동으로 협동조합연구교육원을 세울 것을 제안한다. 농협 조합원에게 협동조합을 가르치고, 협동조합의 원칙에서 멀리 벗어난 지금의 농협을 비판하는 데서 농협 개혁을 다시 시작하자고 말한다.

차제에 농협법을 폐지하자는 주장도 나온다. 농협법은 관치의 산물이다. 정부에서 농협을 지원하는 것도 또 농협을 통제하는 것도, 다 합법적인 업무 수행이다. 농협법에 명시적인 근거가 있기 때문이다. 농협이 협동조합이라면 직접적인 지원을 받지 말아야 바람직하고, 정부의 통제는 무슨 일이 있어도 거부해야 옳다.

농협이 할 일은 참 많다. 우리 농업을 살리고 우리 농촌 공동화를 극복할 힘을 가진 곳은 농협밖에 없다. 사람도 자금도 다 있다. 기득권을 버리고 농민 조합원만 생각하면 된다. 협동조합의 가치를 새기면 농업과 농촌을 다 바꿀 수 있다!

한국의 협동조합을 상상하다

협동조합 열풍이 불고 있다. 해외 협동조합 기업의 꿈같은 이야기가 우리의 마음을 붙잡는다. 하지만 현실로 돌아오면 강한 의문이 생긴다. 우리도 할 수 있을까? 남의 등 긁는 이야기가 아닐까?

협동조합은 기업이다. 협동조합을 한다는 것은 사업을 시작한다는 뜻이다. 한 사람이 사업에 뛰어든다는 것은 모든 것을 던진다는 뜻이다. 월급쟁이가 사업하기 위해 사표를 내겠다면, 일단은 말리고 본다. 협동조합 기업을 운영하는 것은 일반 기업보다 더 어렵다. 사업 목적이 단순하지 않기 때문이다. 민주적 원칙이니 지역사회 기여니, 고상해 보이는 협동조합의 원칙을 지켜야 한다. 돈을 많이 벌기만 하면 협동조합이 아니다. 또 협동조합은 '협동'해야 한다. 항상 의논해서 공동의 합의를 끌어내야 한다. 1인1표 원칙이다.

두 사람이 동업하기도 어려운데, 많은 사람이 의견을 모아야 하는 협동 사업을 잘해낼 수 있을까? 분명한 것은 협동조합 사업을 하려면 꼭 해야 하는 절박성이 있어야 한다는 것이다.

우리는 승자독식의 시장만능주의가 가장 고착화된 세상에 산다. 그만큼 협동조합이라는 다른 경제와 다른 기업에 거는 기대가 크다. 협동조합은 자유와 신뢰, 경제민주화, 공동선, 다양성 같은 미래의 가치와 부합한다. 고정관념의 둑은 언젠가 터지고 만다. 다만, 생소한 길이기에 그 첫걸음이 더디고 어색할 뿐이다.

협동조합으로 하기에 적합한 사업을 아래에 모았다. 여러 전문가의 의견을 참고했다. 냉정하게 분석하기보다는 상상력과 언론인의 직관으로 '어떻게 협동조합을 할 것인가?how to coop'의 답을 모색했다.

협동조합의 상상력이 필요한 우리의 현실

서울 이화여대 후문 건너의 동네 빵집 '이화당'은 2012년을 넘기기가 숨이 차다. 1979년에 문을 연 이화당 33년의 주인, 박성은(74) 할아버지와 신연주(70) 할머니는 매일 새벽 다섯 시에 일어나 자정에 문을 닫는다. 몇 달 전 파리바게뜨 매장이 바로 옆 건물에 들어선 뒤로 '죽을힘'을 다하고 있다.

"대기업이 황소개구리처럼 동네 빵집을 다 삼키잖아요. 살아남으려고 발버둥치고 있어요. 그전보다 한 시간 먼저 일어나고 한 시간 늦게 문을 닫아요. 손님들한테 서비스도 더 많이 주지요. 그렇게 근근이 버티고 있지만 올해를 견디기가 쉽지 않을 것 같네요. (파리바게뜨와) 겨루기가 벅차요. 그동안 아들이 일을 많이 도왔어요. 그런데 그 녀석까지 이제 애착을 보이지 않네요. 전망이 없으니까요."

우리 이웃의 동네 빵집은 '멸종 위기'를 맞았다. 2008년에 8,153개였다가 2011년에 5,184개로 불과 3년 사이에 35.1퍼센트 격감했다. 같은 기간에 대기업 프랜차이즈 빵집은 3,572개에서 5,290개로 45.1퍼센트나 점포 수를 늘렸다. 2012년 초 동네 빵집의 대명사인 서울 동교동의 리치몬드제과점(홍대점)이 문을 닫은 자리에도 엔제리너스 커피 매장이 들어섰다. 대기업 프랜차이즈의 탐욕이 점령한 것은 동네 빵집만이 아니다. 커피전문점과 치킨집, 하다못해 김밥집까지도 싹쓸이했다. 서민의 자영업은 이미 무참하게 무너졌다.

50대의 김아무개 씨는 지방의 한 대도시에서 파리바게뜨 가맹점을 운영한다. 김씨 역시 3년 전까지 25년 전통의 동네 빵집 주인이었다.

"파리바게뜨 가게로 바꾸라는 걸 처음에는 거부했죠. 그랬더니 바로 옆에 파리바게뜨 가게를 내겠다는 거예요. 어쩔 수가 없었어요. 우리 같은 가맹점주는 대체로 4~6억 원 투자하는데, 제대로 이익 내는 사람 별로 안 됩니다. 몇 년 지나면 몇 억 들여서 가게 확장하고 인테리어를 새로 하라고 해요. 그래야 본사 매출을 늘릴 수 있잖아요. 하지 말고 버티라고요? 그냥 쫓겨납니다. 가게 물품은 모조리 본사에서 비싸게 구입해야 하고, 인테리어 비용은 터무니없는 바가지예요. 본사만 살찌고, 가맹점은 모두 힘든 이상한 구조지요." 김씨는 "명예퇴직자들이 물정 모르고 가맹점에 뛰어들었다가 코 꿰이는 경우가 많다."라고 말했다.

대기업 프랜차이즈 가맹점의 처지 또한 결코 호락호락하지 않은 것이다. 실제로 가맹점주가 프랜차이즈 본사의 불공정거래를 고발하는 호소가 잇따르고 있으며, 손해를 감수하면서 사업을 포기하는 가맹점도 속출하고 있다. 동네 빵집과 가맹점주 대다수가 어렵고 대기업 프랜차이즈 홀로 승자독식하는 슈퍼스타 효과가 강화되고 있다.

가장 큰 문제는 해법을 찾기가 어렵다는 것이다. '동네 빵집 살리자'고 사회 전체가 목소리를 내지만, 말의 성찬을 넘어서지 못하고 있다. 대기업의 동네 빵집 점령에 대한 최근의 '사회적 합의'

는 재벌의 사업 포기 요구였다. 이부진 회장의 호텔신라는 '아티제 블랑제리'의 지분 19퍼센트를 홈플러스에 매각했고, 신격호 롯데 회장의 외손녀인 장윤선 씨는 프랑스 식료품 '포숑' 브랜드를 운영하는 '블리스'의 지분을 매일유업 등에 처분했다. 하지만 이러한 지분 매각으로 동네 빵집의 처지가 달라지지는 않는다. 상대적으로 규모가 작은 대기업으로 주인이 바뀔 뿐이다.

행복한 상상 1 인구 10만 명마다 빵집 협동조합

커피전문점은 재벌 기업의 자식이 뛰어들 사업이 아니다. 그것은 소상인 자영업자의 등골을 빼먹는 일이다. 빵집 프랜차이즈도 마찬가지다. 시제이는 뚜레쥬르 사업을 시작하면서, 50대 이후 은퇴자를 위한 일을 벌인다고 홍보했다. 하지만 빵집 가맹점 사업은 수익성이 바닥이다. 외형은 크지만 본사에 이것저것 떼이고 나면 남는 것이 별로 없다. 사실 커피전문점은 재료값이 적게 들어 수익성이 높아야 정상이다.

치킨집과 마찬가지로 커피전문점과 빵집 사업은 협동조합 방식에 어울린다. 진정으로 은퇴자를 위한 사업으로 만들자면 협동조합 방식을 채택해야 한다. 논리적으로는 복잡할 것이 전혀 없다. 프랜차이즈 본사가 정당한 몫만 가져가면 된다. 뚜레쥬르 브랜드는 그대로 유지하고, 가맹점주가 구매전담 협동조합을 별도로 설립한다고 생각해보자. 가맹점주는 본사가 직영할 때보다 구매 단가를 훨씬 떨어뜨릴 수 있을 것이다. 과도한 거품을 한 치라도 더 걷어내고 돈이 새나가는 구멍을 일일이 다 막을 것이기 때문이다. 그렇게 구매 과정이 합리화되면 본사 수입을 줄이지 않고도 가맹점 비용을 줄일 수 있다.

인구 10만 명의 도시마다 협동조합 빵집과 커피전문점을 세우자. 그 지역의 동네 가게 주인이 조합원이 된다. 바가지 없는 식재료 공급으로 협동조합 가맹점의 수익성을 높인다. 여러 도시의 협동조합을 묶어 전국빵집협동조합연합회를 조직한다. 협동조합 빵집과 커피전문점은 우리 밀을 많이 쓰고 공정무역 커피만을 판매한다. 로컬푸드와 유기농 식재료를 사용한 신제품을 지속적으로 개발한다.

이웃에 서로 협력할 수 있는 아파트 협동조합이 있다면 더 좋겠다. 빵집에서는 아파트 주민에게 할인 혜택을 주고 주민은 그 빵집의 단골이 된다.

행복한 상상 2 협동조합 치킨집의 경쟁력

지역농업네트워크의 박영범 대표는 협동조합 전문가다. 박대표는 협동조합하기에 좋은 사업으로 프랜차이즈를 첫손에 꼽는다. 기존 프랜차이즈 가맹점 매출의 20~30퍼센트는 본사로 빠져나간다. 그래서 가맹점주는 늘 불만이다. 대기업인 본사에 뜯긴다고 생각한다. 공급받는 식재료 값이 비싸고, 본사에서 정해주는 인테리어 비용도 터무니없다.

재벌 기업의 프랜차이즈 사업은 그래서 정당한 비난 대상이 된다. 수백 명에서 수천 명의 가맹점주에게 조금씩 나눠야 할 몫이 재벌 오너 가족의 금고로 빠져나간다. 재벌 2~3세들에게는 취미 사업의 이익금이지만 영세 가맹점주에게는 이번 달에 꼭 내야 하는 딸아이 대학 등록금이다.

미국의 버거킹, 맥도날드, 케이에프시KFC, 던킨도너츠가 모두 구매를 전담하는 협동조합 기업을 운영한다. 식재료부터 인테리어에 이르기까지 모든 구매 업무를 협동조합에 전적으로 맡긴다. 그 협동조합의 주인은 조합원인 가맹점주다. 구매 단가를 떨어뜨리거나 협동조합의 수익성이 높아지거나, 그 이문은 모두 가맹점의 몫이 된다. 구매전담 협동조합을 운영한 뒤로 가맹점은 수입이 늘고, 본사는 신뢰를 얻었다. 미국식 상생 경영의 아름다운 결실이다.

모든 프랜차이즈 사업이 협동조합에 적합하다고 생각하면 오산이다. 취급 품목이 단순해야 한다. 그래야 공동구매 곧 협동의 힘을 극대화할 수 있다. 사업 내용이 지역사회 기여라는 가치에 부합하면 더 좋다.

치킨집이 딱 맞다. 동네 치킨집이 지역 단위로 공동 출자해 뭉치면 된다. 브랜드 관리와 마케팅, 구매 업무를 전담하는 협동조합 기업을 세우는 것이다. 일관된 로컬푸드 원칙을 세운다. 가까운 지역 도계장에서 닭을 공급받고, 소스에 들어가는 마늘, 양파, 고춧가루를 모두 가까운 농협이나 농촌에서 공급받는다. 콜라 대신 식혜나 수정과를 제공하는 것도 아이디어다.

행복한 상상 3 원순 씨는 아파트 협동조합 이사장

박원순 서울시장은 협동조합 찬양자다. 박 시장의 10년 뒤 모습을 상상한다. 자신이 사는 아파트 주민과 함께 협동조합을 결성하고, 서울 시내 아파트 협동조합의 전체 연합회를 구성해 이사장을 맡으면 어울릴 것 같다.

그동안 아파트는 공동체가 사라진 공간이었다. 앞으로도 그럴 것인가? 생각을 확 바꿔보자. 아파트의 입주자대표자회의가 1인1표의 민주적 방식으로 의사 결정이 이뤄지고 지역에 기반을 둔다는 긍정적인 점에 주목하자. 기초 공동체의 단위로 작동할 수 있는 가장 좋은 조건을 갖추고 있다.

서울의 한 아파트는 2,000가구 규모다. 100~150제곱미터대인 가구마다 30만 원 안팎의 월 관리비를 납부한다. 아파트관리사무소에서 한 달에 6억 원의 현금을 운용하는 셈이다. 주민들은 그 엄청난 돈이 얼마나 투명하게 쓰이는지 잘 알지 못한다.

내가 사는 아파트에 협동조합을 결성하면 무엇이 달라지나? 우선 관리의 투명성을 높일 수 있다. 조합원(주민)은 대의원과 이사진을 선출하고, 연례 총회에서 결산 및 새해 사업계획을 보고 받는다. 조합원이 많이 알고 적극 참여하면, 관리비 누수의 작은 구멍까지도 찾아낼 수 있을 것이다.

아파트라는 생활공간을 활용한 비즈니스 모델은 무궁무진하다. 일부 대기업에서는 대형 아파트 단지에서 생활지원센터 사업을 추진하고 있다. 그런데 집안의 화장실이나 전등 등의 작은 수리를 도맡아 처리하는 홈서비스 사업은 아파트 협동조합이 하기에 딱 맞는 사업이다. 동네 사람이 일꾼이니, 낮에 혼자 있는 주부도 안심하고 문을 열어줄 수 있다는 큰 장점도 있다.

단지 내 장터 개설이나 재활용수거 업체 선정 과정에서 상당한 이권이 발생한다. 협동조합은 그러한 이권을 훨씬 공정하고 유익하게 관리할 수 있을 것이다.

상상력을 동원해 더 크게 그림을 그려보자. 협동조합은 도시를 바꾸고 삶을 바꿀 수 있다. 이사회 결의로 아파트의 공간을 공동텃밭으로 전환하고, 그 관리를 아파트 노인회에 맡긴다. 근처의 빵집, 과일가게, 식당, 편의점, 옷가게, 문구점 심지어 노래방과도 제휴 계약을 맺는다. 그래서 조합원이 할인 혜택을 누릴 수 있도록 하고, 조합원 카드를 발행한다. 상인들도 할인 혜택을 공유할 수 있는 준회원으로 가입시킨다. 주민도 살고 동네 가게도 살 수 있는 상생의 길을 찾아간다.

대기업의 프랜차이즈 빵집이 치고 들어온다면, 협동조합에서 긴급이사회를 소집해 공동결의를 채택한다. 주민이 대기업 빵집을 이용하지 말자고 공동행동에 나서면, 오래 정이 든 우리 동네 가게를 지킬 수 있다.

행복한 상상 4 도시를 바꾸는 아파트 협동조합

앞으로 더 나가자. 텃밭을 관리하는 노인들이 의기투합해 어르신 협동조합을 설립한다. 근처 학교와 관공서를 찾아가 자투리 텃밭 공간을 최대한 확보하고, 유기농 협동조합의 도움을 받아 가장 안전한 농산물을 생산한다. 푸드 마일리지 제로에 가까운, 지구 환경에 가장 이로운 농산물이기도 하다. 동네 생협에 판매를 맡기면 누이 좋고 매부 좋을 것이다.

택배 사업과 세차 사업에 뛰어들 수도 있다. 아파트 안에서의

가가호호 배달을 어르신 협동조합에서 맡는 방식이다. 동네 어르신이 직접 물건을 배달하는 모습을 상상해보라. 택배 회사 차원에서는 추가 비용을 들이지 않고 고객만족도를 높일 수 있는 선택지가 될 수 있다. 경로당에서는 한문을 비롯한 여러 교양 강좌를 개설한다. 주민 중에서 능력을 갖춘 강사를 찾으면 좋겠다. 경로당의 고스톱 문화를 바꾸는 혁명을 덤으로 이뤄낼 것이다.

부녀회는 생협 조직으로 전환한다. 관리사무소의 공간을 활용하거나 상가의 가게를 임대하면 된다. 근처 생협에 도움을 요청하면 버선발로 달려올 것이다. 조합원의 출자금으로 기본적인 투자 재원을 조성한다. 2,000가구 아파트에서 가구당 3만 원씩 출자한다면 금세 6,000만 원의 뭉칫돈이 모인다. 생협 사업을 활성화하면 어린이집과 유치원 사업으로 판을 키운다. 엄마의 마음으로 아이들을 돌보고 할머니의 정성으로 밥을 해 먹이는 육아공동체를 꾸린다면 어찌 경쟁력이 없겠는가? 기존의 어린이집이 잘 꾸려졌다면 아파트 조합원의 만족도를 조사해 건강한 비판과 의견을 전달할 수 있을 것이다.

공동체에 관심이 많은 의사 조합원이 있다면 내친김에 의료생협을 설립한다. 주민 조합원 공동의 힘으로 우리 가족의 예방의학을 책임지는 진정한 의술의 장을 열어간다.

아파트 협동조합은 핵폭탄급 위력을 발휘한다. 물론 세상을 긍정적으로 변화시키는 힘이다. 도시 생활의 출발점인 아파트 공간이 생활공동체로 바뀐다. 여러 아파트 협동조합이 함께 모여 서울 시내 아파트 협동조합연합회, 또 전국연합회까지 결성한다고 생각해보라. 옆집 아이 얼굴도 모르던 삭막한 삶이 이웃과 더불어 살아가는 따뜻한 공동체 공간으로 변해간다.

행복한 상상 5 ┃ 마을버스는 협동조합 사업

마을버스는 서민의 발이다. 그런데 버스 사업자는 노선만 잘 잡으면 손쉽게 큰돈을 번다. 사업자의 경영혁신 능력은 요구되지 않는다. 마을버스를 아무리 많이 이용해도 주민에게 돌아오는 것은 아무것도 없다. 10원 한 푼 할인받지 못한다. 그렇다고 마을버스를 이용하지 않을 수도 없다. 택시는 너무 비싸다.

서울의 지하철 2호선 낙성대역에서 서울대 후문으로 들어가는 마을버스를 보자. 언제나 만원이다. 주말에도 수입이 쏠쏠하다. 근본적인 질문을 던지지 않을 수 없다. 이렇게 황금알을 낳는 마을버스 노선을 영리 사업자가 운영하는 것이 정당한가? 독점이라는 사업의 본질을 직시하자. 마을버스 사업자와 허가권을 쥔 공무원, 그들 사이 누군가의 주머니로 과도하거나 부당한 초과이윤이 흘러들어가고 있다.

정부가 독점의 폐해를 바로잡지 않으면 방법은 하나다. 주민의 자력으로 마을버스 협동조합 기업을 세우는 것이다. 그래서 버스 사업자 한 사람이 손쉽게 챙겨가던 목돈을 주민에게 고루 나누자. 협동조합에 출자한 조합원에게 100원 할인 혜택을 제공할 수 있다. 연말에 잉여금이 발생하면 또 조합원에게 배당한다. 물론 마을버스를 많이 이용한 조합원에게 배당금을 더 많이 지급한다.

서울시는 신설하는 마을버스 노선의 사업 기회를 1차적으로 해당 지역 주민의 협동조합에 부여하는 것이 마땅하다. 그것이 경제 정의에 부합한다. 조례를 제정해야 한다. 기존 노선이라면, 사업권 갱신 때 복수 경쟁을 붙인다. 주민의 마을버스 협동조합이 기존 사업자와 공정하게 경쟁할 기회를 주는 것이다. 협동조합은 지역사회 공헌 프로그램 등으로 좋은 평가점수를 받을 수 있을 것이다.

행복한 상상 6 이동통신 소비자 협동조합의 힘

2011년 4월, 인천 시민이 통신소비자생활 협동조합을 세우겠다고 90명의 발기인을 모집했다. 그해 말까지 조합원을 100만 명까지 가입시키겠다는 엄청난 포부를 밝혔다. 물론 그 목표에 터무니없이 못 미쳤지만, 통신소비자생협의 아이디어는 지금까지도 큰 주목을 받고 있다. 이동통신 소비자의 협동조합을 조직하려는 움직임은 이미 전국 여러 지역에서 동시다발적으로 일어나고 있다.

이들의 문제의식은 첫째 단말기 가격과 통신요금이 지나치게 비싸다는 것, 둘째 소비자가 거대 기업과 1대1로 계약하는 상황을 바꿔야 한다는 것, 두 가지다. 협동조합 설립이 그 대안이다. 전국에서 100만 명의 조합원만 모집한다면 세상을 바꿀 수 있다고 본다. 직접 통신 사업에 뛰어들어 요금을 떨어뜨리고, 20만 원대의 단말기를 개발하도록 제조 회사를 압박하겠다는 것이다. 이동통신 소비자는 동질성이 높고 독과점 가격에 대한 불만이 높으므로 이런 협동조합의 성공 가능성은 높아 보인다.

대학생이 이동통신 소비자 협동조합을 설립해 대학 구내에 이동통신 대리점을 운영한다는 아이디어도 현실성이 엿보인다. 여러 대학에서 이동통신 협동조합을 세운다면, 전국 대학생의 연합조직으로 발전해나갈 수 있다. 전국의 대학생 300만 명이 협동조합으로 단결한다면 에스케이티SKT와 삼성전자도 무릎을 꿇을 것이다.

행복한 상상 7 웨딩 사업이 대학생 협동조합?

소비자가 독과점 때문에 손해를 자주 본다고 생각한다고 치자. 그 사업 분야는 협동조합 설립이 실제 행동으로 이어질 가능성이 높다. 대기업의 독과점 폐해에 맞서 경제적 약자가 세우는 기업이 협동조합이기 때문이다.

상조 사업 자체가 독점은 아니지만 상조 서비스 가격은 독점의 성격을 띤다. 평생 한두 번 거래가 이뤄지는데다 장례의 엄숙함 때문에 소비자가 가격의 적정성을 따지기는 어렵다. 따라서 가격 정보의 비대칭이 극심하다. 이 때문에 2011년에 한겨레두레라는 협동조합 방식의 상조 사업체가 생겨났다. 농협중앙회에서는 상조 자회사 설립을 추진한다. 바가지 가격을 없애겠다는 것이 상조 서비스 협동조합의 목적이자 명분이다.

웨딩 사업의 성격은 상조 사업을 똑 닮았다. 가격 횡포가 이만저만이 아니다. 결혼식을 마치고 나면 다시 얼굴 볼 일이 없기 때문이다. 손쉽게 바가지를 씌우고 신랑신부는 그런 줄 알면서도 대충 넘어간다.

미래를 준비하는 대학생들이 모여 웨딩 사업 협동조합을 세워 보자. 이동통신 소비자 협동조합이 이미 결성돼있다면 새 협동조합 만들기가 한결 수월할 것이다. 조합원들은 상조회비를 내듯이 결혼 때까지 매달 얼마씩 부어나가면 된다. 결혼하면 자동 탈퇴가 된다. 촬영과 드레스 대여 같은 부대사업으로 시작했다가 조합원이 많아지면 직접 예식 공간을 임대하거나 인수할 수 있을 것이다.

영세 출판사가 참 많다. 직원 한 명을 두기도 어렵다. 경기 하강의 찬바람을 가장 먼저 맞는 곳이 출판 동네다. 협동조합기본법 제정으로 다양한 협동조합을 세울 수 있게 됐다니까, 출판계 사람들이 반색한다.

영세 출판사는 사무실 임대료 내기가 벅차다. 이름이 없으니 신간을 발행해도 신문 서평에 잘 실리지 않는다. 유통과 광고에도 힘을 쏟을 수가 없다. 대박 한 건 터질 때까지 기다리고 또 기다려야 하는 '천수답' 사업이다.

열 명의 출판인이 모여 출판노동자 협동조합을 설립한다. 모두 1,000만 원씩 똑같은 금액을 출자한다. 공동으로 사무실 공간을 마련하고, 서점 유통을 전담할 직원도 한 명 채용한다. 출판사의 공동 브랜드를 개발하되, 각자 출판한 책에는 종전의 브랜드를 유지한다.

출판처럼 동질성이 높은 지식 산업은 노동자 협동조합을 세우기에 아주 적합하다. 뜻을 모으는 것이 가장 어려운 일이다. 설계사와 건축사는 건축노동자 협동조합을, 미술관과 박물관 큐레이터도 그들의 노동자 협동조합을 세우면 된다.

택배 기사와 대리운전 기사는 노동자 협동조합을 세우거나 개인 사업자의 지위로 사업자 협동조합을 세울 수 있다. 노동자 한 사람이 혼자서는 해낼 수 없는 일을 여럿이 함께 해내는 것이다. 홍대 앞의 가난한 인디밴드나 가수는 음악인 협동조합을 결성해, 공동으로 음원 출원과 음반 판매 사업을 벌일 수 있다.

행복한 상상 9 **주식회사에서 협동조합으로**

스위스의 거대 소비자 협동조합인 미그로는 주식회사로 사업을 시작했다가 뒤늦게 협동조합으로 전환했다. 창업자인 고트리브 두트바일러의 결단이 빛을 발했다. 우리나라에서도 주식회사로 시작했다가 협동조합으로 옷을 갈아입는 기업이 생겨날 모양이다. 그중 절대다수가 사회적 기업이다. 그렇지 않은 곳도 일부 있다.

지역농업네트워크라는 농업 컨설팅 회사가 있다. 2001년에 최초 발기인 여덟 명이 똑같이 420여만 원씩을 출자해 설립 자본금 5,000만 원의 주식회사를 설립했다. 법 근거가 없어 주식회사의 틀을 빌렸지만 언제나 노동자 협동조합임을 자부했다. 40여 명의 직원이 모두 지분을 소유하고 있다.

하지만 세월이 흐르면서 협동조합의 가치가 희미해졌다. 증자 때마다 '가난한' 주주들의 실권이 이어졌고, 세 명의 주주에게 60퍼센트 이상의 지분이 집중됐다. 주주총회가 유명무실해지고,

직원들도 '말로만 협동조합'이라고 생각하게 됐다. 지역농업네트워크는 올해 초 주주총회에서 노동자 협동조합으로 전환하기로 의결하고, 직원들에게도 그런 사실을 통보했다.

'화평동 왕냉면' 브랜드를 운영하는 프랜차이즈 기업 해피브릿지도 노동자 협동조합 전환 방침을 확정 지었다. 2012년 12월 협동조합기본법이 발효되는 대로 협동조합 등록을 마친다는 일정을 세웠다. 해피브릿지는 주식회사지만 실질적인 노동자 자주 기업으로 운영돼왔다. 직원 예순세 명 중 스무 명이 주주고, 지분도 넓게 분산돼있다.

지역농업네트워크와 해피브릿지는 몸에 안 맞는 옷(주식회사)을 입고 살다가 제 몸에 맞는 옷(협동조합)을 찾아 입는 경우다. 협동조합 방식에 더 맞는 회사는 이 둘 말고도 많이 있다. 한겨레신문사도 그렇다.

행복한 상상 10 대안학교, 그리고 농촌학원

프랑스에는 협동조합 학교에 다니는 아이들이 450만 명이고, 협동조합 학교가 5만 개에 이른다. 우리 대안학교 중에서도 협동조합 법인격을 채택하려는 움직임이 일어나고 있다.

우리의 여러 대안학교는 재산 사유화의 위험을 안고 있다. 학부모의 기부금으로 땅을 사고 교사를 확보했지만, 마땅한 법인격이 없다보니 설립자 개인의 이름으로 재산을 등기해 두었다. 설립자가 변심하지 말라는 법이 없다. 실제로 그런 사유화의 징후가 일부 나타나고 있다.

대안학교가 협동조합이 되면 재산의 사유화 위험이 사라지고 불필요한 갈등의 소지를 없앨 수 있다. 학교의 모든 재산이 협동조합 법인에 귀속되기 때문이다. 사회적 협동조합으로 등록하면 기부금도 받을 수 있다.

농촌의 교육은 도시 이상으로 심각하다. 도시에서는 사교육의 과잉이 문제라면 농촌에서는 사교육의 부족이 문제다. 농민이 도시로 떠나는 이유도, 귀농자가 다시 도시로 유턴하는 이유도, 첫 번째가 나쁜 교육 여건이다.

농촌에서 협동조합 학원을 운영해보면 어떤가? 건강한 사교육 공간을 농촌의 중고생에게 제공하자. 학부모의 출자를 받아 학원교육 소비자 협동조합을 설립하는 상상을 해본다. 취지를 잘 설명하면 마을회관이나 농협 건물의 여유 공간, 또는 학교 건물을 무료로 빌릴 수 있을 것이다. 강사로는 그 지역 출신자나 근처의 대학생을 고용한다.

자금을 좀 들이더라도 최고 수준의 인터넷 강의시설을 갖춘다. 컴퓨터는 지자체에서 무상으로 지원받는다. 마을의 농민 대표가 강남의 유명 강사를 찾아가 시골의 우리 아이들을 잘 이끌어달라고 간곡하게 당부한다. 농촌 학부모 협동조합의 가치에 감동하는 훌륭한 강사가 한두 명은 있을 것이다. 착한 사람은 어디에도 반드시 있다. 최소 비용으로 최고의 강의를 아이들에게 제공한다는 농촌의 협동조합 학원 사업은 허망한 꿈이 아니다.

행복한 상상 11 과수원과 귀농 협동조합

두레와 품앗이의 전통이 깊은 우리의 농촌 공동체는 '협동'의 공간이다. 농협의 관료화로 협동조합의 가치가 많이 바랬지만, 새로운 농촌 협동조합 공동체의 태동 가능성은 열려있다.

한 지인이 과수원 협동조합 설립 아이디어를 귀띔해주었다. '1인 1헥타르ʰᵃ 과수원' 갖기 사업이다. 은퇴를 앞둔 100명의 도시인을 모집해 100헥타르의 야산을 개간해 각자 1헥타르씩 분양한다. 그 100명의 귀농 예정자가 과수원 사업자 협동조합을 설립하는 것이다. 영농조합 법인격도 취득하면 각종 세제 지원 혜택까지 누릴 수 있다.

과수원에 사과 묘목을 심으면 4~5년 뒤부터 수확할 수 있다. 그때까지는 과수원 관리를 시골 농가에 맡기고 가끔 들러 농장을 돌본다. 5년 뒤쯤 가족과 함께 시골로 내려간다. 1헥타르면 작지 않은 사과 농사다. 그 3분의 1만으로도 부부의 노후 보장이 가능하다.

충남 공주의 마곡사 근처에서는 뜻있는 사람들이 모여 협동조합 방식의 생태마을 '마곡사람들'을 조성하고 있다. 마곡사에서 장기 임대 형식으로 사찰 땅을 내놓았다. 귀농자가 그 땅에 흙집을 세우고 유기 농사를 짓는다. 처음 스무 가구로 시작해 귀농자 생태공동체의 규모를 늘려갈 계획이다. 수천만 원의 건축 비용은 출자금으로 납입한다. 땅을 내 것으로 등기할 수는 없지만 내가 떠나지 않는 한 나가라는 사람은 없다. 내 땅이나 진배없다. 사정이 있어 마곡사 공동체를 떠나야 한다면 집을 내놓고 출자금 원금을 되돌려받으면 된다.

행복한 상상 12 사회적 기업의 몸에 맞는 옷

우리의 사회적 기업은 대부분 주식회사 법인격을 차용했다. 그동안은 국내법의 한계로 협동조합을 설립하기가 어려웠고, 사회적 협동조합이라는 법인격은 아예 존재하지 않았다.

그래서 사회적 기업을 주식회사 형태로 꾸릴 수밖에 없었다. 몸에 안 맞는 옷을 걸친 부작용이 적지 않았다. 곳곳에서 가치를 지킬 것인지 수익을 추구할 것인지를 놓고 갈등과 혼선이 일어났다. 매출과 이익 극대화로 흘러간 사회적 기업이 아닌 사회적 기업도 생겨났다. 대주주 개인에게 권한이 집중되면서 민주적 운영의 원칙도 적잖이 훼손됐다.

주식회사로 운영되던 기존의 사회적 기업이 사회적 협동조합으로 옷을 갈아입는 일이 상당히 보편화할 것이다. 돌봄센터, 자활공동체 같은 사업은 애초부터 주식회사로 할 일이 아니었다. 유럽에서는 사회적 기업이 사회적 협동조합과 쌍생아고, 아주 예외적으로 주식회사 형태를 취한다.

어쩌면 구립 어린이집을 (사회적) 협동조합으로 전환하는 사례가 생겨날 것 같다. 김성환 노원구청장은 박원순 시장 못지않은 협동조합 신봉자다. 주민이 원한다면 구립 어린이집을 주민 조합원의 협동조합으로 바꿀 수 있다고 말한다. 주민이 적극성을 발휘해 공동 출자로 어린이집 협동조합을 설립한다면 구립 어린이집의 공간을 제공하겠다는 것이다.

협동조합은 힘 있는 한 사람이 모두 가져가지 않는다. 서로 의논해서 사업을 벌이고 모두 고르게 나누려고 한다. "나는 너를 위해 일하고, 그러면 너는 다른 사람을 위해 일한다. 그것이 돌고 돌아 나한테도 도움이 된다." 호혜의 정신은 이런 것이다.

협동조합의
대가와 만나다

3

"협동조합은
더 나은 세상을 만든다"

폴린 그린(Pauline Green, 국제협동조합연맹 회장)
존스턴 버챌(Johnston Birchall, 영국 스털링대학 교수)

폴린 그린은 국제협동조합연맹ICA, International Co-operative Alliance 역사 상 첫 여성 회장이다. 영국 지방 정치와 유럽연합 의원을 거쳐 세계 협동조합운동을 이끄는 열정적인 지도자의 길을 걷고 있다.

존스턴 버챌은 영국 스코틀랜드의 스털링대학 교수로, 영국 협동조합연구협회의 편집위원을 맡고 있다. 국내에 그의 저서《21세기의 대안 협동조합운동》(들녘, 2003) 이 번역돼있다.

(폴린 그린의 답변은 G로, 존스턴 버챌의 답변은 B로 표시한다.)

Q 국제협동조합연맹의 역사는 언제부터 시작됐나요?

G 국제협동조합연맹은 1895년에 만들어졌습니다. 그 무렵 전 세계적으로 협동조합이 엄청나게 생겨나기 시작했어요. 영국 북서쪽과 독일 등 세계 각지에서 동시다발적으로 생겨났습니다. 그래서 세계적인 대표기구가 필요하게 된 겁니다. 아이시에이ICA를 통해서 지식과 정보를 공유하고 불필요한 시간과 자원의 낭비를 막자는 거지요. 그게 바로 협동조합의 근본정신이잖아요. 서로 돕는 것. 국제협동조합연맹 본부는 처음 런던에 두었다가 지금은 제네바에 있습니다. 곧 벨기에 브뤼셀Bruxelles로 옮기게 됩니다.

협동조합을 9개 사업 부문으로 나눠서 지원해요. 은행, 보험, 소비자, 소매, 상점, 주택, 건강, 노동자 분야가 집중 지원대

상입니다. 2011년에는 에너지 협동조합 지원 조직을 멕시코 칸쿤Cancún에 새로 설치했습니다. 에너지의 공정한 생산과 분배를 위해 일할 겁니다.

Q 그 무렵 협동조합이 왜 갑자기 널리 퍼지게 되었나요?

B 사업 모델로서의 협동조합은 영국의 노동자가 자신의 필요에 따라 만들게 됐습니다. 더 정확하게는, 산업혁명을 거치면서 궁핍해진 영국 노동자의 자연스러운 대응이었다고 보면 됩니다. 그 뒤 프랑스, 독일, 덴마크, 그리고 미국으로 퍼져 갔지요. 산업혁명이 농민을 포함해 모든 사람의 삶을 얼마나 파괴하고 위험하게 만들었는지 잘 알잖아요. 농민은 생존하기 위해 자기 물건을 시장에 팔아야 했습니다. 그래서 여러 부문에서 협동조합이 생겨나기 시작한 거예요. 소비자 협동조합, 노동자 협동조합, 농민 협동조합, 신용 협동조합, 협동조합 은행 같은 것이죠. 여러 협동조합이 같은 이유로 전 세계에서 동시다발적으로 생겨났습니다.

Q 국제협동조합연맹은 구체적으로 어떤 일을 합니까?

G 우선, 국제협동조합연맹은 유엔이나 세계은행, 국제통상협상, 지20G20 정상회담 등에서 협동조합을 대표해 목소리를 내

고 실행하는 역할을 합니다. 둘째로는 협동조합 관련 정보와 지식의 중심센터 역할을 합니다. 예를 들어, '글로벌 300' 보고서를 펴냅니다. 세계의 가장 큰 300개 협동조합 정보를 총망라하는 작업입니다. '글로벌 300'의 경제 규모가 1조 6,000억 달러로 세계 10위인 캐나다를 능가합니다. 하지만 규모보다 더 중요한 것은 역시 사람입니다. 수십만 개 협동조합 기업의 조합원이 10억 명에 이르고, 1억 명의 일자리를 유지합니다. 이것은 전 세계 다국적 기업의 일자리를 다 합친 것보다 많은 숫자지요. 협동조합 기업의 규모와 부를 사람들에게 정확하게 알리고 협동조합이 할 수 있다는 것을 보여주고자 합니다. 협동조합은 지난 100년 동안 각 나라의 민주적 관행과 리더십을 양성하고 시민사회가 발전하는 데 크게 기여했습니다. 셋째는 협동조합원을 하나로 묶고, 조합의 민주적 운영 방식을 공유하고 자원의 중복 사용 방지를 위한 조정자 역할을 합니다.

Q 협동조합에서 가장 중요한 가치는 무엇인가요?

G 협동조합의 7대 원칙이 있지만, 가장 중요한 것은 주주가 없으므로 이익을 배당하지 않는다는 겁니다. 우리는 사업에서 (이익이 아니라) 잉여금이 생기면 조합원에게 돌려주거나 사업에 재투자하거나 지역사회에 환원합니다. 주주에게 이익을 나누

지 않고 잉여금을 조합원과 사업, 지역사회에 되돌리는 것, 이
것이 협동조합에서 가장 중요합니다.

B　조합원 소유 원칙이 가장 중요합니다. 협동조합은 조합원을
　　위한 조직이거든요. 조합원이 소유하고, 통제하고, 사업의
　　편익을 누려야 합니다. 한발 더 나아가 자본의 올바른 이용
　　에 주목해야 합니다. 협동조합도 세계시장에서 살아남기 위
　　해서는 자본을 조달하고 활용해야 합니다. 하지만 조직 운영
　　은 1인1표의 원칙을 지켜야 합니다. 투자한 자본이 아니라 조
　　합원이 힘을 가져야 합니다. 자선이나 비영리를 말하는 게 아
　　닙니다. 조합원을 위해 존재하는 조직이기 때문에 사업의 잉
　　여가 발생하면 그대로 조합원에게 돌려주어야 한다는 뜻입니
　　다. 그렇게 하면 조합원이 필요한 사업이나 서비스를 최저 비
　　용으로 제공받게 됩니다. 농부와 은행 고객 그리고 슈퍼마켓
　　의 소비자 모두 마찬가지입니다.

Q　투자자 소유 기업과 협동조합 기업의 차이를 쉽게 설명해 주세요.

B　투자자 소유 기업과 협동조합 기업의 차이는 아주 간단하지
　　만 근본적입니다. 투자자는 돈만 벌 수 있다면 그 기업의 사업
　　내용이 무엇이든지 개의치 않습니다. 그러나 협동조합은 조
　　합원이 필요한 서비스를 제공받기 위해 직접 사업에 참여합니

다. 예를 들어, 감자생산 협동조합의 농민 조합원은 자기가 생산한 감자를 조합에 공급하고 그 판매 대금을 가져갑니다. 그러니 협동조합에서 지속 가능한 감자 사업을 해나가기를 기대하고 격려하겠죠.

G 버챌 교수의 말에 더 보태자면 협동조합이 다른 모델의 기업이라는 사실을 명확하게 인식해야 합니다. 협동조합은 재무 구조부터 독특합니다. 이익 극대화가 아니라 조합원을 지향합니다. 우리는 이익이 아니라 잉여를 확보하고자 합니다. 그 잉여금은 조합원에게 환원하고, 지역사회에 투자하고, 협동조합 사업에 재투자합니다. 그러니 전혀 다른 기업 형태라고 할 수 있죠. 저는 훨씬 더 나은 형태의 기업이라고 생각합니다. 협동조합은 인간의 필요를 추구하지, 탐욕을 추구하지 않으니까요.

Q 협동조합이 글로벌 기업과 경쟁해 나갈 수 있나요?

G 시장에서 거대 기업과 경쟁해 살아남을 수 있다는 결정적인 증거들이 있어요. '글로벌 300'입니다. 여러 협동조합 은행, 소매 협동조합, 의료 협동조합, 농민 협동조합은 세계시장에서 거대 자본주의 기업과 경쟁해 성공하고 있습니다. 협동조합은 150년 동안 사업을 해왔으며, 그들을 이기기 위해 사업 방

법을 더 배울 필요가 없습니다. 우리는 할 수 있습니다. 하지만 경쟁에서 이기는 것보다 우리는 조합원을 위해 어떻게 더 잘할 수 있느냐를 늘 생각합니다. 사람 중심의 기업 운영, 그것이 가장 중요한 가치죠.

Q 세계시장에서 경쟁력이 있는 협동조합 기업의 사례를 들어주세요.

B 알라푸즈라는 협동조합을 들고 싶습니다. 원래 덴마크 협동조합이었는데 스웨덴 농부까지 참여하는 협동조합으로 커졌어요. 지금은 영국과 독일, 핀란드까지 확장해서 여러 나라를 아우르는 협동조합이 되었어요. 유럽의 거대 은행인 라보방크도 있습니다. 네덜란드의 은행에서 지금은 국제적 은행으로 인정받습니다. 이런 협동조합은 자본 투자자에게 이윤을 돌려주지 않습니다. 조합원에게 잉여금을 환원합니다.

G 또 하나, 2008년 금융 위기 상황에서 협동조합 은행이 가장 성공적인 모습을 보였습니다. 상업은행이 구제금융을 받거나 쓰러질 때에도 협동조합 은행은 단 한 곳도 무너지지 않았습니다. 협동조합 은행은 투자에 신중해서 상업은행처럼 위험한 덫에 잘 걸리지 않거든요. 2008년의 글로벌 금융 위기 이후 3년 동안 협동조합 은행은 아주 큰 성장을 했습니다. 자산 규모도 아주 커졌죠. 상업은행에서 빠져나온 고객들이 협동조

합 은행으로 들어왔어요. 부실한 상업은행은 대출을 꽁꽁 묶었지만, 위기 상황에서 더 탄탄해진 협동조합 은행은 개인이나 신규 사업자에 대한 대출을 오히려 늘리고 있습니다.

Q 협동조합이 투자자 중심의 자본주의가 지배하는 세계시장에서 어떤 역할을 할 수 있나요?

G 협동조합이 태동한 산업혁명기 이후 지금처럼 협동조합이 절실한 때는 없었다고 봅니다. 미국과 유럽의 많은 나라가 무너지는 동안 사람들은 희망과 열정, 아이들 교육과 가족의 주거, 그리고 일자리를 잃었습니다. 많은 사람이 이제 협동조합으로 돌아서고 있습니다. 미래의 경제 발전을 생각하면 더는 이윤 극대화를 추구하는 기업이 시장을 일방적으로 지배해서는 안 됩니다. 시장에는 다양한 사업 모델이 있어야 합니다. 협동조합은 경제 규모 면에서 두 번째로 큰 기업 모델인데도 사람들은 그 사실을 잘 모릅니다. 협동조합이 속성상 지역사회에 기반을 두기 때문에 나이키와 월마트 같은 글로벌 대기업처럼 전 세계 사람들에게 잘 알려지기가 어렵기 때문이지요. 이제 협동조합 기업도 그런 세계적인 명성을 얻을 필요가 있습니다. 2012년 '협동조합의 해'가 큰 도움이 될 거라고 믿습니다. 협동조합은 민주적 운영과 리더십으로 그동안 시민사회

형성을 이끌었습니다. 저는 미래의 전진을 위해 협동조합 기업 방식이 아주 중요하다고 생각합니다.

B 여러 협동조합이 연합해서 살길을 모색했다는 점을 이야기하고 싶습니다. 지역 기반의 작은 협동조합은 조합원에게 꼭 필요한 역할을 수행하지만, 경제적으로는 취약합니다. 하지만 그 작은 협동조합이 연합하면 큰 힘을 발휘하게 됩니다. 예를 들어 라보방크라는 거대한 은행은 수천 개의 지역 단위 조합이 연합해 만들어진 것입니다. 다음 십 년 동안에 협동조합은 지역 단위 조합의 거대한 연합을 통해서 글로벌 시장에서 성공하는 모습을 반드시 보여줄 거라고 확신합니다.

Q 협동조합의 규모가 커지면 민주적 운영과 협동조합의 근본정신을 잃게 되지 않을까요?

G 규모가 커진다고 협동조합 활동에 문제가 생기는 것은 전혀 아닙니다. 그래서 조합원 정책에 에너지를 쏟아야 합니다. 오로지 조합원입니다. 조합원으로 돌아가는 것입니다. 얼마 전 (2011년) 핀란드에 갔다가 아주 인상적인 900명의 조합원을 만났습니다. 핀란드 최대 협동조합의 조합원이었는데, 2012년 협동조합의 해에 대해 열정적으로 이야기하고 협동조합 원칙에 대해 서로 적극적으로 의견을 나누었습니다. 대규모 협동

조합 기업도 그렇게 하면 협동조합의 정신을 지킬 수 있습니다. 기업이 커지면 그만큼 어려워지는 건 사실입니다. 하지만 협동조합 원칙에 충실하면 실패하지 않을 겁니다.

B 20년 전이었다면 수백만 조합원에게 연락을 못 하는 심각한 문제가 생겼겠지요. 지금은 인터넷이 있고, 새로운 정보통신 혁명의 시대입니다. 이제는 수백만의 회원을 세분화해서 소통할 수 있습니다. 수백만의 대규모 협동조합이라면 수만 명 정도는 적극적인 활동을 하고 싶어 할 겁니다. 그런 조합원에게는 기회를 제공하고 새로운 정보통신 시대에 맞는 대화의 통로를 열어주면 됩니다. 그리고 가끔은 아주 오래된 교회 같은 곳을 빌려 스무 명 정도가 참석하는 민주적인 모임을 하는 것도 좋겠지요.

Q 한국은 협동조합 전통이 깊지 못합니다. 협동조합이 자본주의에 맞지 않는 시스템이라고 보는 사람도 있는데요?

B 협동조합은 '다른' 사업 운영 방식입니다. 아주 성공적이고, 사람이 중심이 되고, 위험이 적은 사업 방식입니다. 과거에는 협동조합을 사회주의와 연결 짓는 시각이 있었습니다. 반대로 미국에서는 협동조합을 개인주의를 보호하는 요새로 보는 경향이 있었지요. 협동조합은 협동하는 조직일 뿐입니다. 정치

적으로 좌편향 또는 우편향으로 끌어다 붙이기도 하지만, 협동조합은 정치와 관계없는 사업 방식Business Model입니다.

Q 유엔은 왜 2012년을 협동조합의 해로 선언했을까요?

G 협동조합 기업의 본성은 단순히 사업을 운영하는 것이 아닙니다. 협동조합의 기업의 운영 방식은 리더십을 길러주고 지속 가능한 지역사회를 만듭니다. 또 사람들의 자립 능력을 길러줍니다. 이런 면에서 유엔은 새천년개발목표Millennium Development Goals(2000년 유엔에서 채택된 의제로 2015년까지 빈곤을 반으로 감소시키자는 범세계인 약속)를 협동조합 운동과 결합하면 더 큰 일을 할 수 있겠다고 판단했습니다. 그래서 2012년을 협동조합의 해로 정한 것입니다. 유엔은 "협동조합이 더 나은 세상을 만든다.Cooperative Enterprises Build a Better World"라는 슬로건을 내걸었습니다.

'협동조합의 해'가 협동조합이 얼마나 좋은 사업 방식인지 널리 알릴 기회가 되기를 기대합니다. 미국의 예를 들자면, 랜더 레이커스Lander Lakes가 미국 유제품 시장의 25퍼센트를 점유하고 있는데, 이 회사가 협동조합인지 사람들이 모릅니다. 그런데 어느 날 유엔 협동조합의 해 로고를 사용하기 시작하면, 그제야 "어, 랜더 레이커스가 협동조합이야?"하고 깨닫게 될 겁니다. 캐나다의 아주 큰 주택 협동조합이 건물 벽에 유엔의 슬로건과 협동조합 로고를 쓰기 시작하면 대단한 인식의 변화를 끌어낼 수 있을 겁니다. 이런 활동이 전 세계에서 그리고 한국에서 일어난다고 생각해 보세요. 우리에게 협동조합이 이 세상에 기여한 것 그리고 앞으로 기여할 수 있는 것에 대해서 증명할 수 있는 정말 큰 기회를 유엔이 주었습니다.

Q 협동조합이 좀 더 나은 세상을 만드는 데 어떤 방식으로 기여한다고 생각하세요?

B 협동조합은 작은 사람들이 큰 힘을 발휘하게 합니다. 올바른 방식으로요. 협동조합은 작은 사업체, 농부, 소비자, 그리고 노동자가 서로 협동해 힘을 얻게 해 줍니다. 가난한 사람에게 아주 큰 힘이 됩니다. 중산층으로 올라설 힘을 줍니다. 경제적 취약계층에게는 자신이 필요한 것을 스스로 확보할 수 있게 해줍니다. 협동조합은 태생적으로 공평과 공정을 지향합니다. 공정한 사업 모델로 설계된 것이지요. 투자자 소유 기업은 절대로 흉내 내지 못할 일입니다.

G 협동조합은 가치를 중심으로 사업합니다. 경제적 어려움을 겪은 사람들은 결국 가치 중심의 사업 모델을 필요로 하게 돼 있어요. 지역의 협동조합은 지역사회를 교육할 뿐만 아니라

지역사회에 돈을 환원합니다. 지역에 환원된 돈은 협동조합의 분열과 실패를 막고 지역경제를 활발하게 돌아가게 합니다. 그러니 협동조합은 지역사회 리더십, 지속 가능한 경제, 민주주의에 필요한 모든 것이라고 해도 과언이 아닙니다.

Q 협동조합이 더 나은 세상을 만드는 사례에 적합한 협동조합 예를 들어주세요.

B 탄자니아와 스리랑카의 예를 들어볼까요. 우리는 협동조합이 가난을 줄이는 데 기여하는지, 또 다른 조직보다 장점이 있는지 시험해보고 싶었습니다. 그래서 두 나라의 협동조합 매니저 450명과 인터뷰를 했는데, 협동조합이 지역 주민의 소득 증대에 기여할 뿐만 아니라 지역사회의 리더 역할을 한다는 사실을 발견했습니다. 예를 들어 이들 나라에서는 지방정부가 세금을 과도하게 매기거나 공공 서비스를 부실하게 제공하면 협동조합이 문제 해결을 위해서 앞장섰습니다. 우린 이런 사실을 미처 예상하지 못했습니다. 지방정부가 취약하고 사람들이 집단적인 목소리를 내기 어려운 탄자니아에서 협동조합의 그런 역할이 특히 두드러졌습니다. 그러니 어떤 지역사회에 협동조합이 있다는 것은 혼자가 아니라는 것을 의미합니다.

G 선진국의 협동조합은 경제적 이익을 조합원에게 나눠주는 것
을 넘어서, 다른 협동조합에 투자하거나 지역의 스포츠 및 문
화 활동을 지원하기도 합니다. 지역 청년들을 위한 축구 클럽
을 지원하거나 학교의 그린에너지에 투자하거나 여성 노동자
를 위한 자녀 보육이 필요한 곳에 보육 협동조합을 세우는 일
을 돕는 거죠. 협동조합은 이런 방식으로 더 좋은 세상을 만
드는 데 기여합니다.

Q 특별히 북유럽 국가에서 협동조합이 활발한 이유는 무엇이라고 생각
하세요?

B 제가 살았던 스코틀랜드와 스웨덴, 핀란드, 그리고 스위스의
협동조합을 비교·연구해보았습니다. 협동조합이 경제체제
속에 확고하게 자리매김하려면 100년은 걸린다는 결론을 얻
었습니다. 북유럽에는 협동조합을 만들어 필요한 것을 공급
받는 상호부조의 문화가 산업혁명 이전부터 있었습니다. 정
부의 협력을 얻어냈고, 아주 훌륭한 지도자들이 시민을 이끌
어 협동조합의 기본 틀을 잡았습니다. 지도자들이 앞장서 협
동조합을 만들지 않았다면 거대 기업의 손에 끌려가고 말았
을 겁니다. 예를 들어 덴마크에서는 투자자 소유 기업들이 낙
농가공품과 육가공품 시장을 점점 잠식하고 있었습니다. 선

택은 둘 중 하나였죠. 투자자 소유 기업에 다 내주거나 자신들의 협동조합을 만들어야 했습니다. 그 뒤 10년에 걸쳐 농민의 협동조합 기업은 경쟁에서 완전히 이겼습니다. 덴마크의 낙농과 육우 산업에서 투자자 소유 기업은 이제 자취를 감추었습니다. 덴마크 조합원들은 그렇게 100년 동안 협동조합 기업 모델에 대한 강력한 믿음이라는 사회적 자본을 쌓아왔습니다. 동시에 협동조합을 통해 집단적인 혜택을 톡톡히 누렸습니다.

G 북유럽에서 더욱 놀라운 것은 아직도 협동조합이 활발하다는 점입니다. "그래, 이제 돈 많이 벌었으니까 협동조합 그만해도 된다."라고 물러서는 것이 아니라 지속적으로 왕성한 활동을 이어가고 있습니다. 북유럽은 협동조합을 통해 경제적으로 성공했을 뿐만 아니라 관용의 정신, 삶의 수준, 사회적 평등 측면에서도 세계 최고가 됐습니다. 강력하고 큰 협동조합과 함께하는 다양성 있는 경제체제가 어떤 일을 할 수 있는지 보여주는 이들 북유럽이 좋은 모델입니다. 스웨덴, 스위스, 핀란드, 노르웨이 등 이들 나라가 발전하는 것을 보세요.

Q 두 분은 왜 협동조합을 위해 헌신하나요?

G 협동조합에 대한 믿음이 있기 때문이죠. 더 나은 사업 방식이

라는 믿음입니다. 아프리카 작은 마을의 주민부터 큰 나라 미국 시민에 이르기까지, 이웃을 위해 좀 더 나은 세상을 안겨주기 위해 협동조합을 세워 일하는 전 세계 사람을 보면서 항상 자극을 받습니다. 정말 무척 감동합니다. 협동조합 운동은 정말 열심히 일할 가치가 있는 일이에요.

B 사실 저는 협동조합을 연구하는 학자이기 때문에, 협동조합의 약점을 찾으려 하고 비판적일 수밖에 없는 입장입니다. 지난 25년 동안 협동조합의 모든 면을 연구해 왔으니까요. 하지만 협동조합은 여러 약점이 있는데도 '인간 중심의 사업'이라는 점에서 아주 마음에 들어요. 최근에는 협동조합의 진화를 연구하고 있는데, '인간은 태생적으로 협력하는 존재'인 것 같아요. 협동조합 기업은 인간 본성의 흐름과 맥을 같이한다는 생각을 강하게 하게 됐습니다. 그게 제가 협동조합 운동을 위해 일하는 이유입니다.

Q 협동조합의 미래를 어떻게 보세요?

G 협동조합의 미래는 아주 환상적일 겁니다. 2012년은 새로운 10년 동안의 협동조합 성장에 시발점이 될 것으로 기대합니다. 협동조합의 존재가 눈에 보이기 시작하는 거죠. 세계 도처에서 유엔이 정한 협동조합의 해에 대한 열정이 솟아오르는 걸 느낍

니다. 협동조합의 성장에 대한 열망과 자신감도 넘치고요.

B 사람들이 금융 위기를 겪으면서 협동조합 은행이 가장 안정적
인 은행 시스템이라는 사실을 이제 깨닫기 시작했다고 봅니다.
미국이나 영국에서 성행하는 카지노 자본주의, 즉 투기 자본
주의의 대안을 협동조합 은행이 보여줍니다. 앞으로 10년 안
에 사람들은 협동조합 은행을 단순한 대안 모델이 아니라 상
업은행을 대체할 주류 모델로 인식하게 될 것입니다.

"지속 가능한 협동조합,
젊은이에게 가르쳐라"

마리아 엘레나 차베스(Maria Ellena Chavez, 국제노동기구 국장)

마리아 엘레나 차베스는 칠레 출신으로 유엔 산하 국제노동기구ILO 에서 협동조합국장을 맡고 있으며, 그전에는 국제협동조합연맹 사무부총장을 역임했다. 유엔이 정한 '2012년 세계 협동조합의 해'를 준비하는 위원회COPAC'의 코디네이터도 맡았다.

Q 국제노동기구에 협동조합국을 특별히 설치한 이유는 무엇입니까?

A 협동조합은 양질의 일자리를 만들어내는 보물단지입니다. 아이엘오ILO에서 정의하는 양질의 일자리란 인권을 존중하고 삶을 유지할 임금을 제공하며 노동을 통해 자기가 원하는 것을 추구할 수 있는 일자리를 말합니다. 윤리적이어야 하고 노동자 권리도 당연히 존중해야 합니다. 협동조합의 가치와 그대로 부합하지요.

각국의 협동조합 경제는 이미 1억 명 이상의 고용을 창출하는 활약상을 보이고 있습니다. 국제노동기구가 협동조합을 중요하게 생각하지 않을 수 없지요. 국제노동기구는 1919년 창설 때부터 협동조합국을 두었습니다. 국제노동기구는 노동권을 위해 일하는 조직이잖아요. 정부와 고용자, 노동자뿐만 아니라 협동조합이나 농민 조직과도 협력해야지요. 국제노동기구 헌장에서도 협동조합과의 협력을 명시하고 있습니다.

Q 2008년 글로벌 금융 위기에서 협동조합 기업이 고용 안정에 크게 기여했다지요?

A 금융 위기가 오니까 일반 영리 은행들은 기존의 금융거래를 중단하거나 축소했습니다. 하지만 협동조합 은행과 신용 협동조합은 중소기업이나 개인에 대한 대출을 그대로 유지했습니다. 일자리를 안고 갈 수 있는 혈액을 계속 공급한 겁니다. 또 스페인 몬드라곤의 소비자 협동조합인 에로스키는 잉여금을 조합원에게 나누지 않고, 일자리를 유지하는 데로 돌렸습니다. 협동조합은 지속 가능한 기업입니다. 경제적·사회적 문제를 해결할 수 있는 유연한 솔루션이 있습니다.

Q 협동조합 기업이 글로벌 금융 위기를 잘 이겨낼 수 있었던 힘은 무엇이었나요?

A 협동조합 기업이 글로벌 금융 위기를 잘 견뎌냈다는 사실은 여러 객관적 조사를 통해 확인되었습니다. 무엇보다 신뢰가 빛을 발했습니다. 스위스에서는 많은 사람이 크레딧스위스 Credit Suisse나 유비에스UBS 같은 대규모 상업은행에서 예금을 빼내 라이파이젠 같은 협동조합 은행으로 옮기기 시작했습니다. 라이파이젠은 스위스 은행 중 10위권 바깥에 있다가 순식간에 네 번째 큰 은행으로 올라섰습니다. 잘나가던 은행은 직

원을 해고하는데, 라이파이젠은 고용을 늘릴 수 있었습니다.

경제가 어려워지면서 소비자 협동조합의 존재도 더 부각됐습니다. 품질이 좋고 가격도 저렴하잖아요. 미그로도 코프스위스도 조합원 수를 늘릴 수 있었습니다. 이윤을 추구하지 않으니까 위험한 투자를 하지 않죠. 그러니까 금융 위기를 맞아서도 안전하고요. 그렇게 협동조합 기업에 대한 신뢰가 쌓인 거죠.

금융 위기를 겪으면서 사람들이 협동조합을 다시 들여다보게 됐습니다. 그전에는 돈이 전부라고 생각했다면 이제는 다른 것을 생각하게 됐습니다. 내가 쓴 돈의 흐름을 알 수 있고, 그 돈이 지역에서 재투자되고, 윤리적으로 사업하고, 노동자와 환경을 존중하는 협동조합 기업의 가치를 재인식하게 됐습니다. 내가 민주적으로 소유하고 민주적으로 통제할 수 있는 조직이니까 신뢰할 수 있겠다는 믿음이 확산된 겁니다.

Q 협동조합 기업은 위기 때만 강한 것 아닌가요. 성장기가 오면 달라지지 않을까요?

A 그럴 수 있을 겁니다. 협동조합에 가입했던 사람이 경기가 좋아지면 다시 떠날 수 있을 겁니다. 하지만 사람들이 이제 기업의 형태에 근본적인 질문을 하게 됐음을 인정해야 합니다. 협

동조합의 원칙과 가치를 제대로 이해하는 조합원이라면, 계속 남을 것입니다. 점차 협동조합이 기업 그 이상의 기업이자 윤리적 기업이라는 인식이 자리 잡아가고 있습니다. 은행이나 가게를 찾아갈 때, 그곳이 협동조합인지를 먼저 따지는 사람도 많이 생겼습니다.

협동조합은 지속 가능하고 매우 강력한 기업형태입니다. 미래로 갈수록 더 커지지 사라지지는 않습니다. 경제 호황기에는 자본주의 대기업도 번창하지만, 협동조합은 더 번창할 겁니다. 협동조합의 원칙만 잃지 않는다면 그렇게 될 겁니다.

Q 한국의 협동조합 기업에 대해서는 어떻게 알고 있습니까?

A 농협이 강하고, 생협이 빠른 속도로 성장하고 있다고 압니다. 다만, 한국은 경쟁적 문화가 지나치게 강합니다. 물론 협동조합이 유지·발전하기 위해서는 경쟁력을 갖출 필요가 있습니다. 하지만 협동조합의 가치와 원칙을 잃지 않고 지켜나가는 것이 가장 중요합니다. 협동조합으로 시작했다가 경쟁력을 높이겠다고 주식회사 등으로 조직을 전환한 경우는 금융 위기를 잘 견뎌내지 못했습니다.

중요한 것은 기업 경영과 협동조합 가치의 균형을 잘 이루는 것입니다. 협동조합의 지배 구조와 조합원 교육이 잘돼있다면, 사업할 때도 협동조합 원칙에 맞는 결정을 내릴 수 있을 겁니다.

Q 협동조합의 지속적인 발전을 위해 가장 중요한 것을 한 가지 꼽으라면?

A 미래를 생각하면 역시 젊은이입니다. 젊은이들에게 협동조합을 알려야 합니다. 노동자로서 일하든 창업하든 젊은이가 협동조합 기업을 선택지로 생각할 수 있어야 합니다. 협동조합 방식으로 벤처기업을 시작할 수도 있습니다. 협동조합이 현실적인 옵션이 될 수 있다는 사실을 젊은이가 보고 배우고 이해할 수 있어야 합니다.

Q 젊은이에 대한 교육을 말씀하시네요?

A 그렇습니다. 세계 여러 나라 협동조합 운동에서 가장 큰 문제는 교육이 없거나 부족하다는 것입니다. 젊은이들에게 무작정 협동조합을 하라고 해서는 안 되잖아요. 사회로 진출하기 전에 학교에서 (협동조합을) 충분히 배워, 자신의 선택지로 삼을 수 있도록 해야 합니다.

모든 단계의 학교에서 협동조합을 알리는 교육과정을 설치해야 합니다. 국제노동기구 권고문(1-93항)에서도 모든 학교에서 모든 커리큘럼마다 협동조합을 알리고 교육하는 내용을 포함할 것을 강조합니다. 예를 들어, 경제 과목에서 기업을 가르치는 시간이라면 협동조합이라는 다른 기업 방식이 있다는 것도 교육해야 한다는 거지요. 단순히 협동조합 과목 하나를 신설하라는 것이 아닙니다.

협동조합 교육을 위한 가이드라인을 작성하고 있습니다. 캐나다와 이탈리아의 트렌토Trento 같은 곳에서는 실제로 협동조합 교육을 잘해나가고 있습니다. 그런 경험을 모으자는 겁니다. 가이드라인이 완성되면 유네스코와 협력해서 각 나라의 교육부 정책에 반영할 수 있도록 노력하겠습니다. 우리의 간절한 소망입니다.

Q 협동조합은 실천인데 학교 교육만으로 될까요?

A 맞는 말씀입니다. 그래서 협동조합 운동을 하는 겁니다. 협동조합 기업이 지역의 학교와 적극적으로 연계해야 합니다. 협동조합 은행에서는 예금과 대출 등의 전체 금융거래 과정을 아이들에게 알리고, 농협에서는 우리 식탁의 농산물이 어디에서 어떤 과정을 거쳐 들어오는지 가르칠 수 있습니다. 젊은이끼리 협동조합을 만들 수 있도록 도와줘야 합니다. 친구 몇명이 모여 구내 카페를 협동조합으로 운영할 수 있잖아요. 미

국의 하버드와 엠아이티MIT 학생들이 협동조합 방식으로 책과 티셔츠를 판매한 성공 사례도 있습니다.

Q 2012년 세계 협동조합의 해에 국제노동기구는 어떤 일을 합니까?

A 협동조합 방식의 기업을 홍보하고, 새로운 협동조합이 많이 생겨날 수 있도록 하고, 기존 협동조합을 강화하는 것, 이 세 가지입니다. 법이나 정책으로 협동조합 방식의 사업에 불리한 규제를 가하는 나라가 많습니다. 그래서 협동조합을 알리고 다른 기업과 동일한 조건으로 경쟁할 수 있도록 기회를 열어주자는 것입니다. 협동조합이니까 특혜를 달라는 게 아닙니다. 주식회사 기업이 정부의 지원을 받는다면, 협동조합도 똑같이 받을 수 있도록 해달라는 겁니다.

무엇보다 협동조합은 기존의 기업 평가에서 큰 불이익을 받습니다. 경제적 성과만 따지기 때문입니다. 경제적 성과와 함께 민주적 절차와 지배 구조의 투명성, 지역사회 기여 등 협동조합의 원래 원칙에 부응했는지도 반영할 수 있어야 합니다. 국제노동기구에서는 그러한 협동조합 기업 평가 매뉴얼을 만들고 있습니다. 협동조합 기업이 다른 기업형태라는 것을 인식시켜서 세금과 회계에서 다르게 적용받을 수 있도록 해야 합니다.

"민주주의 가치를 소중히 할수록 협동조합은 잘된다"

스테파노 자마니 (Stefano Zamagni, 이탈리아 볼로냐대학 교수)

협동조합 경제의 세계적 석학인 스테파노 자마니는 이탈리아 에밀리아로마냐 주의 볼로냐대학 교수고, 《협동조합으로 기업하라》(북돋움, 2010)의 저자다. 볼로냐대학은 1088년에 세워진 세계에서 가장 오래된 대학이다.

Q 이탈리아에서도 에밀리아로마냐 주의 협동조합 경제가 특히 왕성합니다. 어떻게 설명할 수 있나요?

A 협동조합 운동은 이탈리아 전국에 고루 퍼져있지만, 에밀리아로마냐에서는 특히 집중화된 양상을 보여요. 자유를 갈망하는 에밀리아로마냐의 뿌리 깊은 문화적 특성이 자연스러운 토양이 됐을 겁니다. 1237년 세계에서 처음으로 농노제를 폐지하는 사회계약을 이뤄낸 곳이 바로 에밀리아로마냐입니다. 사회주의 정당과 가톨릭 교단에서도 협동조합 운동을 적극 지원합니다.

에밀리아로마냐는 1950년대까지만 해도 가장 못사는 지역이었다가 지금은 유럽에서 잘살기로 손가락 꼽히는 곳이 됐어요. 지역 총생산의 30퍼센트가 협동조합 경제에서 나옵니다. 볼로냐와 이몰라Imola 처럼 협동조합이 잘 발달한 도시는 45퍼센트에 이릅니다. 시민도 여러 협동조합에 가입해 혜택을 누리고요. 우선 싼값에 물건을 살 수 있어요. 또, 연말이면 배당을 받지요. 그러고도 이윤이 남으면 조합에서 사회적으로 유용한 데 씁니다.

Q 에밀리아로마냐 지역은 공산당 정부가 지배해왔습니다. 공산당 하에서의 협동조합 발전을 어떻게 봐야 하나요?

A 2차 대전 이후 이곳 정치는 공산당이 항상 이끌었습니다. 하지만 에밀리아로마냐의 공산당은 고정관념으로 아는 공산당이 아니라는 사실을 알아야 합니다. 사회주의와 자본주의 성향이 섞이고, 이 지역의 연대의식이 합쳐진 분홍색 공산주의지요. 흔히 생각하는 공산당의 경직성과는 거리가 멀고, 오히려 창의적이라고 해야 할 것입니다. 복지와 교육 및 의료 분야 혁신이 더 많이 일어나고, 경제의 활력도 넘치는 지역입니다.

Q 2008년의 금융 위기 때도 이탈리아 협동조합 기업은 위기를 잘 극복했다고 들었습니다. 지금은 어떤가요?

A 2008년에는 협동조합 은행 중에 망한 곳이 없었습니다. 협동조합 직원 중에 한 사람도 해고되지 않았고, 임금도 종전과 똑같은 수준으로 지급받았습니다. 지금(2011년)은 이탈리아 전체가 경제 위기를 맞고 있어요. 다행히 에밀리아로마냐는 남부 지역보다 체감하는 정도가 덜합니다. 위기에 강한 협동조

합 기업이 많이 굴러가는 덕분이지요. 이탈리아에서는 시칠리아 쪽이 가장 큰 어려움을 겪고 있는데, 그곳에는 협동조합이 없어요. 협동조합은 지역에 꾸준히 뿌리를 내리고 사업을 이어가지만, 영리를 추구하는 다국적 기업은 경제 위기가 닥치면 철수하는 분위기가 형성됩니다. 악순환이 초래되는 거지요.

Q 협동조합이 서로 협동해서 사업을 끌어나가는 것이 특히 인상적입니다.

A 공산당 계열인 레가콥를 비롯해 5개의 전국협동조합연맹 조직이 잘 정비돼있어요. 작은 협동조합은 상위 연맹에 가입해야 한다고 생각하고, 연맹에서는 회원 협동조합을 지원하고 통제합니다. 그런 네트워크가 잘돼있다는 점이 이탈리아와 다른 나라의 차이점이에요. 의회에서도 법으로 연맹 조직을 뒷받침합니다. 회원 협동조합은 잉여금의 3퍼센트를 연맹 기금으로 내야 합니다.

Q 주식회사도 사회 책임 경영을 잘하면 협동조합과 비슷해지는 것 아닌가요?

A 기업의 사회 책임 경영은 자선입니다. 지속 가능하지가 않아요. 협동조합을 따라 하는 것인데, 이미지를 위해서 하는 것

이지요. 가장 중요한 원칙에서 큰 차이가 있습니다. 협동조합에서는 모두가 동등합니다. 이것이 민주주의의 출발점이지요. 어떻게 같을 수 있겠습니까?

Q 한국 경제는 철저히 대기업과 주식회사 중심으로 이뤄지고 있어요. 협동조합 활성화를 위해 조언을 부탁합니다.

A 라자냐도 먹어본 사람이 먹어요. 먼저 필요성을 느끼게 해야 합니다. 학교와 언론에서 협동조합을 가르치고 문화적으로 대중에게 알려야 합니다. 협동조합이 고리타분하지 않고 앞서가는 것이며 전위적이라는 것을 가르쳐야 합니다. 그다음은 법과 제도로 뒷받침해야 하고요. 이탈리아에서는 헌법(45조)에서부터 협동조합 보호를 명시합니다.

최초의 협동조합은 영국에서 생겼습니다. 그때는 영국이 가난할 때가 아니었어요. 지금의 미국에도 많은 협동조합이 있어요. 협동조합 운동은 상대적으로 잘사는 지역에서 활발합니다. 아시아와 아프리카에 협동조합이 왜 흔하지 않을까요? 여기 에밀리아로마냐를 보세요. 잘사는 곳입니다. 한국 사람들이 가난한 농민을 잘살게 하자고 협동조합을 외친다면 한계가 있습니다. 좀 더 풍요로운 삶을 제시해야 합니다. 협동조합하면 웰빙이 온다고 외쳐 보십시오. 한국도 빠르게 발전하고 있는데 장차 협동조합이 엄청나게 부흥할 것으로 확신합니다.

Q 한국에서는 경쟁이 워낙 치열합니다. 협동에 대한 인식도, 협동하는
문화도 약하고요.

A 경쟁에는 두 가지가 있습니다. 지위 경쟁positional competition과
경쟁적 협력competitive cooperation입니다. 한국과 일본의 젊은이
들이 왜 행복하지 않을까요? 경쟁이 너무 심한데다 '너 죽고
나 살기' 식의 지위 경쟁에 매몰돼있어요. 그런 경쟁은 단기적
으로 괜찮을 수 있지만 지속 가능하지는 않아요. "이번에는
내가 도와줄 테니 네가 하고 다음에는 내가 하자." 이런 식으
로 협력하면서 경쟁하면 더 나은 결과가 나올 겁니다. 어떤
것을 선택하겠습니까? 서로 도와가면서 행복하게 살지 않겠
습니까?

자마니가 말하는 협동조합 발전의 세 가지 조건

자마니 교수는 협동조합 기업이 (자본주의 주식회사와) 시장의 균형을 이룰 수 있을 정도의 규모를 가지기 위해서는 세 가지가 필요하다고 말한다.

첫째, 적자생존의 이윤 동기 말고도 다른 경제적 동인이 있다는 것을 학교에서 가르쳐야 한다. 지난 두 세기 동안 세계는 자본주의 시장의 확산이 사회병리의 해결책이라는 논리와 시장은 강자의 약자 지배라는 반대논리 두 가지만 가르쳤다. 호혜와 연대의 가치로 작동하는 협동조합이라는 기업형태가 들어설 땅을 열어두지 않았다.

둘째, 상품 자체의 특성만이 아니라 상품의 생산과정에 민감하게 반응하는 시민 소비자, 곧 사회적 책임 소비의 등장이다. 시민 소비자가 많아질수록 협동조합은 힘 있게 성장한다.

정치적·제도적 장치는 셋째 조건이다. 협동조합을 비롯한 다양한 형태의 기업이 시장에서 (자본주의 주식회사와) 똑같은 출발선에 설 수 있도록 사회질서가 뒷받침돼야 한다.

협동조합기본법의
내용과 의미[1]

박범용 (한국협동조합연구소)

1. 설립·운영에 관한 법

"앞으로는 다섯 명만 모이면 협동조합을 자유롭게 설립할 수 있다."라는 이야기에 많은 사람이 협동조합이 무엇인지, 협동조합기본법에 어떤 내용이 담겼는지 궁금해한다. 또 협동조합은 영리를 추구하지 않고 일자리 창출과 지역사회 개발에 유용하다고 하니, 그러면 사회적 기업과 어떤 차이가 있는지 헷갈리는 사람도 있다.

협동조합과 사회적 기업은 비슷한 점이 많다. 특히 협동조합 중에서 사회적 협동조합은 사실상 사회적 기업이라고 봐도 무방하다. 그러나 협동조합기본법과 사회적기업육성법은 목적 자체가 다르다. 협동조합기본법의 목적은 협동조합의 설립과 운영에 관한 기본적인 사항을 '규정'하는 데 있지만, 사회적기업육성법은 사회적 기업을 '지원'하고 '육성'하기 위함이다.

민간입법운동 초기 협동조합기본법의 내용과 성격을 둘러싼 논쟁이 있었다. 기본 법안의 내용을 협동조합의 설립과 운영을 중심으로 할 것이냐, 아니면 협동조합의 지원과 육성을 중심으로 할 것이냐? 결국 협동조합의 자주·자립·자치적 성격에 걸맞게 지원과 육성의 내용을 가능한 배제했다. 지원과 육성에는 규제와 감독이 뒤따를 수밖에 없는데, 그렇게 되면 협동조합의 자주·자립·자치의 원칙이 훼손될 수 있기 때문이었다.

결국 협동조합기본법은 협동조합의 설립과 운영에 관한 법이다. 따라서 정부의 지원과 육성을 기대해서는 안 된다. 혹자는 지원과 육성 정책이 없으면 누가 협동조합을 하겠느냐고 하지만, 지원과 육성 정책이 없어서 협동조합을 하지 않을 사람은 하지 말라는 것이 이번 협동조합기본법의 취지인 것이다.

---

1 한국협동조합연구소 협동조합형기업지원팀 박용범 팀장이 작성한 〈민간 입법 실무 책임자가 직접 작성한 협동조합기본법 긴급해설서 〉 및 〈협동조합기본법, 어렵지 않게 이해하는 비법〉을 재구성·보완하였다. 저자의 동의를 얻어 실었다.

2. 4개 협동조합 조직

원래 개념으로 보면, 협동조합은 사회적 협동조합을 포함하는 말이다. 그런데 협동조합기본법에서는 영리 성격의 협동조합과 비영리 성격의 사회적 협동조합으로, 전체 협동조합을 구분해놓고 있다. 따라서 설명의 편의상 사회적 협동조합과 비교가 필요할 때는 협동조합을 일반협동조합으로 칭하겠다.[2]

앞서 우리는 협동조합기본법이 협동조합의 설립과 운영에 관한 법이라고 했다. 협동조합기본법에서 규정하는 협동조합 조직은 일반협동조합, 일반협동조합연합회, 사회적 협동조합, 사회적 협동조합연합회, 네 개다. 즉, 이들 네 개 협동조합 조직의 설립과 운영에 관한 내용이 협동조합기본법의 몸통 부분인 것이다.

네 개 협동조합 조직 중에서 일반협동조합을 이해하는 것이 가장 중요하다. 왜냐하면 일반협동조합의 설립과 운영에 대해서만 온전히 설명하고 있기 때문이다. 협동조합연합회, 사회적 협동조합, 사회적 협동조합연합회 등 나머지 세 개 조직에 대해서는 일반협동조합과 차이가 나는 부분만 명시하고, 공통된 사항은 일반협동조합을 준용하는 식으로 일괄 처리했다. 그렇기 때문에 협동조합기본법 총 119개조 중에서 56개조를 일반협동조합에 관한 규정에 할애하고 있다.

3. '4장 4칙' 구조의 이해

흔히 협동조합기본법은 '총7장(119조)+부칙(3개조)'으로 구성되어있다고 이야기한다. 하지만 이는 대단히 피상적이고 형식적인 분석으로, 협동조합기본법을 이해하는 데 아무런 도움을 주지 못한다. 나는 대신 협동조합기본법이 '4장 4칙' 구조로 이루어졌다고 설명한다. 여기서 '4장'이란 앞서 말한 네 개 협동조합 조직의 설립과 운

〈그림 1〉 협동조합기본법의 '4장 4칙' 구조

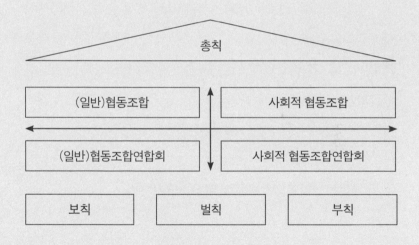

---

2 협동조합기본법상에는 일반협동조합이라는 용어는 나오지 않는다. 국제협동조합연맹에서는 협동조합 전체를 비영리로 본다.

영에 할애한 몸통 부분을 뜻한다. 그리고 '4칙'은 총칙, 보칙, 벌칙, 부칙을 말한다. 네 개 협동조합 조직의 공통적인 사항 중 기본적인 부분은 앞으로 빼서 총칙으로 머리를 만들고, 부차적인 부분은 뒤로 빼서 보칙, 벌칙, 부칙으로 꼬리를 구성한다.

결과적으로 협동조합기본법의 '4장 4칙' 구조는 앞의 〈그림 1〉과 같다. 위에서 아래, 좌에서 우의 순서에 따르면, '1장 총칙, 2장 협동조합, 3장 협동조합연합회, 4장 사회적 협동조합, 5장 사회적 협동조합연합회, 6장 보칙, 7장 벌칙, 부칙'으로, '7장+부칙'의 구조와 일치하게 된다.

협동조합기본법을 이해하기 위해서는 우선 총칙을 이해해야 한다. 그리고 일반협동조합에 대해 충분히 숙지한다. 나머지 협동조합연합회, 사회적 협동조합, 사회적 협동조합연합회는 일반협동조합과 차이가 나는 점을 확인한다. 끝으로 보칙, 벌칙, 부칙에서는 꼭 기억해야 할 것만을 기억한다.

4. 국제협동조합연맹 7원칙과 협동조합기본법

지면관계상 여기서는 협동조합기본법의 내용을 세세하게 살펴보지는 않는다. 다만 이번 협동조합기본법은 국제협동조합연맹 7원칙을 비교적 충실히 담아내고 있는 것으로 평가되는데, 국제협동조합연맹 7원칙에 따라 협동조합기본법의 내용을 재구성해본다.

1원칙: 자발적이고 개방적인 조합원 제도

조합원은 협동조합의 설립 목적에 동의하고 조합원으로서의 의무를 다하고자 하는 자로서, 협동조합은 정당한 사유 없이 조합원의 가입을 거절하거나 다른 조합원보다 불리한 조건을 붙일 수 없다.(20, 21①) 또한 조합원은 정관이 정하는 바에 따라 협동조합에 탈퇴 의사를 알리고 탈퇴할 수 있고, 탈퇴 조합원은 탈퇴 다음 해부터 역시 정관이 정하는 바에 따라 지분 환급을 청구할 수 있다.(24①, 26①)

2원칙: 조합원에 의한 민주적 관리

협동조합에서 조합원은 출자좌수에 관계없이 각각 1개의 의결권과 선거권을 가진다.(23①) 협동조합은 총회를 두어야 하며, 총회는 이사장과 조합원으로 구성된다.(28①&②) 협동조합을 대표하는 이사장과 정관이 정하는 바에 따라 협동조합의 업무를 집행하는 이사들의 선출과 해임은 총회의 의결을 얻어야 한다.(29①3, 41①&②) 한편, 연합회의 경우는 회원인 협동조합의 조합원 수, 연합회 사업참여량, 출자좌수 등 연합회 정관이 정하는 바에 따라 회원의 의결권 및 선거권에 차등을 부여할 수 있다.(75)

3원칙: 조합원의 경제적 참여

조합원은 정관으로 정하는 바에 따라 1좌 이상 출자해야 한다.(22①) 이때 조합원 1인의 출자좌수는 총 출자좌수의 30퍼센트를 넘을 수 없다.(22②) 협동조합은 잉여금을 '손실 보전→ 법정 적립→ 임의 적립→ 배당'의 순서대로 처리해야 한다.(51②) 잉여금 배당의 경우, 협동조합 사업이용 실적에 따른 배당은 전체 배당액의 50퍼센트 이상이어야 하고, 납입출자금에 대한 배당은 납입출자금의 10퍼센트 이하여야 한다.(51②) 단, 사회적 협동조합의 경우는 조합원에게 일절 배당할 수 없다.(98②)

4원칙: 자율과 독립

국가 및 공공단체는 협동조합의 자율성을 침해해서는 안 된다.(10①) 협동조합의 주무부처로서 기획재정부장관이 수립하는 기본계획의 목적은 협동조합의 자율적인 활동을 촉진하기 위한 것이다. (10①, 11①) 사회적 협동조합의 업무에 대해서는 기획재정부장관이 감독하고 명령할 수 있지만, 이때에도 사회적 협동조합의 자율성을 존중해야 한다.(111①)

5원칙: 교육, 훈련 및 정보 제공

협동조합은 조합원 등의 권익 증진을 위해 교육·훈련 및 정보 제공 등의 활동을 적극 수행해야 한다.(7) 협동조합은 정관에 필요한 사업을 자율적으로 정하되, 조합원과 직원에 대한 교육·훈련 및 정보 제공 사업, 협동조합의 홍보 사업은 포함하여야 한다.(45①1&3) 또한 협동조합은 결산 결과의 공고 등 운영 사항을 적극 공개하고, 정관·규약·규정, 총회·이사회 의사록, 회계장부 및 조합원 명부를 주된 사무소에 비치하여야 한다.(49①&②) 대통령령이 정하는 일정 규모 이상의 협동조합은 설립 신고를 한 시·도 혹은 연합회의 홈페이지에 주요 경영공시자료를 게재해야 한다.(49④) 단, 사회적 협동조합의 주요 경영공시자료는 기획재정부 혹은 연합회 홈페이지에 게재한다.(96④)

6원칙: 협동조합 간 협동

협동조합 및 연합회는 다른 협동조합, 다른 법률에 따른 협동조합, 외국의 협동조합 및 관련 국제기구 등과의 상호 협력, 이해 증진 및 공동사업 개발 등을 위해 노력해야 한다.(8①) 이를 위해 다른 협동조합, 다른 법률에 따른 협동조합 등과 협의회를 구성·운영할 수 있다.(8②) 협동조합은 정관에 필요한 사업을 자율적으로 정하되, 협동조합 간 협력을 위한 사업은 포함하여야 한다.(45①2)

7원칙: 지역사회에 대한 기여

협동조합은 정관에 필요한 사업을 자율적으로 정하되, 지역사회를 위한 사업은 포함하여야 한다.(45①②) 사회적 협동조합의 경우는 지역사회가 당면한 문제 해결에 기여하는 사업(지역사회 재생, 지역경제 활성화, 지역주민의 권익·복리 증진 등), 취약계층에게 복지·의료·환경 등의 분야에서 사회 서비스 또는 일자리를 제공하는 사업, 기타 공익 증진에 이바지하는 사업 중 하나 이상을 주 사업으로 해야 한다.(93①)

5. 자유로운 설립과 기본법적 성격

협동조합기본법 제정의 의의를 하나의 문구로 표현하면 '자유로운 설립'이라고 할 수 있다. 자유로운 설립은 아래와 같이 세 가지 측면에서 설명된다.

첫째, 협동조합 설립 분야가 대폭 늘어났다. 지금까지는 1차 산업 및 금융·소비 부문에서 제한적으로 협동조합을 설립할 수 있었다. 하지만 이제는 금융 및 보험업 이외의 모든 업종에서 협동조합을 설립할 수 있게 됐다.

둘째, 협동조합 설립 기준이 대폭 낮아졌다. 기존에 설립 가능했던 협동조합도 조합원이나 출자금 등의 설립 기준이 높아 자유로운 설립이 어려웠다. 그러나 이제는 출자금 규모에 상관없이

다섯 명만 모이면 협동조합을 설립할 수 있다. 또한 주무부처의 인가 없이 신고만으로도 설립이 가능하게 했다.

셋째, 사회적 협동조합을 설립할 수 있게 됐다. 사회적 협동조합은 세계 협동조합의 역사에서도 비교적 최근에 발달한 협동조합으로, 조합원의 편익보다 사회적 목적 실현을 우선시하고, 생산자·노동자·소비자·후원자 등 다양한 이해관계자로 구성된다. 사회적 협동조합은 취약계층에 대한 사회 서비스 또는 일자리 제공, 지역사회의 공헌 활동을 수행하도록 되어있다.

또한 협동조합기본법은 기존 여덟 개 개별법 다음에 만들어진 아홉 번째 개별법이 아니라 글자 그대로 '기본법'이라는 데 의의가 있다. 비록 기존 협동조합의 반발을 우려하여 '개별법과 기본법이 충돌할 경우에는 개별법을 우선한다.'라고 명시했음에도, 협동조합기본법에는 기존 개별법에 담아낼 수 없었던 내용이 담겼다.

첫째, 기획재정부를 협동조합 주무부처로 정했다. 기획재정부 장관은 협동조합에 관한 정책을 총괄하고, 협동조합의 자율적인 활동을 촉진하기 위한 기본 계획을 수립한다. 또한 3년마다 협동조합의 활동 현황·자금·인력 및 경영 등에 관한 실태조사를 실시한 후, 공표하여야 한다.

둘째, 다른 협동조합 등과의 협력을 위한 근거가 마련됐다.

협동조합 등 및 사회적 협동조합 등은 다른 협동조합, 다른 법률에 따른 협동조합, 외국의 협동조합 및 관련 국제기구 등과의 상호 협력, 이해 증진 및 공동사업 개발 등을 위해 노력해야 한다. 이를 위해 다른 협동조합, 다른 법률에 따른 협동조합 등과 협의회를 구성·운영할 수 있다.

셋째, 매년 7월 첫째 토요일을 협동조합의 날로 하며, 협동조합의 날 이전 1주간을 협동조합 주간으로 했다. 원래 7월 첫째 토요일은 국제협동조합연맹에서 기념하는 '세계 협동조합의 날'인데, 협동조합기본법에 이를 아예 명시한 것이다. 이에 따라 국가와 지방자치단체는 협동조합의 날의 취지에 적합한 행사 등 사업을 실시하도록 노력해야 한다.

6. 협동조합 활성화 전망

협동조합기본법에 따르면, 일반협동조합은 '재화 또는 용역의 구매·생산·판매·제공 등을 협동으로 영위함으로써 조합원의 권익을 향상하고 지역사회에 공헌하고자 하는 사업 조직'이다. 그리고 사회적 협동조합은 '지역주민의 권익·복리 증진과 관련된 사업을 수행하거나, 취약계층에게 사회 서비스 또는 일자리를 제공하는 등 영리를 목적으로 하지 아니하는 협동조합'을 말한다. 일반협동조합 및 일반협동조합연합회는 협동조합기본법에 따른 '법인'이며, 사회적 협동조합 및 사회적 협동조합연합회는 '비영리법인'으로 본다.

협동조합은 인적 결사체면서 사업체로서, 이상과 현실, 운동과 사업이라는 양 날개로 움직인다. 따라서 협동조합을 기존 민법상 법인 및 상법상 회사와 비교하여 스펙트럼으로 그리면, 아래 〈그림 2〉와 같다. 일반협동조합은 조합원 공동의 이익을 추구하기 때문에 영리적 성격이 있고, 사회적 협동조합은 공공의 이익을 우선시하기 때문에 비영리적 성격이 강하다.

협동조합기본법 제정으로 인해 협동조합은 앞으로 더욱 활성화할 것이다. 하지만 우리나라는 이미 세계 10위를 내다보는 경제 규모로 성장한 나라기 때문에, 저개발 단계에서 협동조합을 시작

〈그림 2〉 법인격 스펙트럼

경제 영역	하이브리드 영역		사회 영역
상법	협동조합기본법		민법
영리기업 규율	인적 결사체 기업의 규율		비영리조직 규율
사익(私益)	공익(共益)	공익(共益)	공익(共益)
주식회사 등	일반협동조합	사회적 협동조합	사단법인 등

했던 해외 선진 협동조합과 같은 발전 경로를 따라가기는 힘들 것이다. 따라서 협동조합기본법 제정 초기에는 주로 기존 시장이 포괄하지 못한 부분에서 경제·사회·문화적 약자의 자생력을 강화하는 방향으로 협동조합이 활성화될 것으로 전망된다. 이를 10대 분야로 정리하면 아래와 같다.

첫째, 영세상인 및 소상공인이 정부의 정책자금에 의존하지 않고 스스로 경쟁력을 강화하기 위해 자발적으로 협동조합을 만들 것이다. 둘째, 자활공동체, 돌봄 사업 등 저소득 취약계층이 협동적 방식으로 사업해나가기 위해 협동조합을 선택할 것이다. 셋째, 방문교사, 택시 기사 등 노동권 보호의 사각지대에 있는 특수고용직 노동자가 협동조합을 결성해 스스로 사업을 영위해 나갈 것이다. 넷째, 청년 등 초기 자본 동원이 어려운 사람들이 협동조합을 결성해 소규모 창업을 시도할 것이다. 다섯째, 낙후 지역 등의 주민이 협동조합을 설립하여 스스로 사회안전망 구축과 지역개발 활성화를 도모해갈 것이다. 여섯째, 장애인 등 한계 노동자의 노동통합을 목적으로 하는 사회적 협동조합이 만들어질 것이다. 일곱째, 보건의료, 공동육아 등의 분야에서 사회적 협동조합을 만들어 사회공공성을 강화해나갈 것이다. 여덟째, 주택, 에너지 등의 분야에서 협동조합을 설립함으로써 공공재의 탈시장화를 도모할 것이다. 아홉째, 문화, 예술, 여행, 스포츠 등의 분야에서 협동조합적 방식으로 여가가 활성화될 것이다. 열째, 로컬푸드, 도농교류 등 생산자와 소비자의 안정적 결합의 방식으로 협동조합이 선택될 것이다.

7. 법제정 운동에서 설립·전환 운동으로

여덟 개 개별 협동조합법의 혜택을 받지 못하던 비공식 협동조합 진영이 그토록 원했던 협동조합기본법은 2012년 12월 1일부터 시행된다. 협동조합기본법의 파장이 어느 정도일지 현재로서는 상상 그 이상이 될 것이라는 짐작만 확실하다. 그렇기에 민간입법운동 진영은 협동조합기본법의 한계보다는 가능성에 주목하면서, 협동조합 설립·전환 운동에 적극 나서야 하겠다. 그리고 너무 서둘러서는 안 되겠지만, 협동조합총연합회의 지향은 지금 단계부터 명확히 가져나가야 할 것이다. 2012년 유엔이 정한 '세계 협동조합의 해'를 맞아 민간 협동조합 부문에서는 무엇을 해나갈지 기대해본다.

사진 출처

126쪽 사진은 덴마크 벌꿀 협동조합(BYBI),
173쪽 사진은 미그로(Migros),
188쪽 사진은 김화영,
200쪽 사진은 영국 협동조합 기업 허브에 저작권이 있습니다.

나머지 사진은 김현대, 하종란, 차형석에게 저작권이 있습니다.

《협동조합, 참 좋다》독자 북펀드에 참여해주신 분들(가나다순)

강주한 고남수 김도형 김민숙 김민영 김봉숙 김영 김왕영 김현숙 박나윤
박선미 박진영 배종진 설성원 설진철 양승현 윤정아 이경상 이경혜 이동형
이상근 장정주 정기동 정미영 정민수 정원각 조희경 진유림 채대광 최성윤
최하나 최현주 하태근 외 3명 (총 36명 참여)